아파트
GPL 투자,
연봉에 알파를 더하다

아파트 GPL 투자,
연봉에 알파를 더하다

ⓒ 찬율, 2021

초판 1쇄 발행 2021년 3월 26일

지은이   찬율
펴낸이   이기봉
편집   좋은땅 편집팀
펴낸곳   도서출판 좋은땅
주소   서울 마포구 성지길 25 보광빌딩 2층
전화   02)374-8616~7
팩스   02)374-8614
이메일   gworldbook@naver.com
홈페이지   www.g-world.co.kr

ISBN   979-11-6649-484-0 (03320)

연 24% 수익률 GPL 투자, 경매와 NPL 투자를 한번에!

아파트 GPL 투자,
연봉에 알파를 더하다

찬율 지음

좋은땅

필자는 대학교를 졸업하고, 현재 직장생활을 하고 있다. 24살에 결혼하여 26살에 첫째, 이 년 뒤엔 둘째를 낳아 기르고 있는 두 아들을 둔 평범한 가장이다. 필자는 부유한 가정에서 자라지 않았고 흔히 말하는 흙수저 집안에서 자랐다. 부모님들의 노후를 걱정하며 우리 자식들에게 보다 나은 여건을 만들어 주기 위해 아등바등 살아가고 있다.

필자는 여러 투자실패 끝에 부동산 담보채권 투자라는 신세계를 접하게 되었는데, 최근에서야 GPL 투자라는 이름으로 수면 위로 떠올랐다. 이 투자는 법에 가까이 있는 변호사, 법무사, 세무사나 해당 업무와 관련이 있는 은행 관련 직장인, 또는 고위 공무원들은 앞서 투자하고 있는 투자방법이다. 필자가 이 투자를 하면서 든 첫 느낌은 돈이 돈을 부르고, 돈 있는 사람들은 역시나 돈을 더 번다는 것이다. 이 투자는 금융업 중 한 부분을 개인이 투자할 수 있는 방법이며 경매, NPL(부실채권)을 아울러 할 수 있는 투자법이다.

이 책을 통해 부동산 채권에 안정적으로 투자하고 은행이나 기타 부동산 투자보다 높은 수익률을 얻어 조금이나마 여유로운 생활을 영위해 나가길 바란다. 필자가 이 책을 쓴 이유는 투자의 3요소(수익성, 안정성, 환금성)를 모두 갖춘 투자임에도 불구하고 주변 사람들에게 투자를 권하였을 때, 대부분이 부정적이고 관심을 갖더라도 실행에 옮기지 못하는 사람들을 보고 안타까운 마음에 쓰게 되었다. 이 책에서 투자사례, 리스크 관리방법, 법적인 근거, 실전 투자방법을 읽어 보고 난 뒤 편견을 깨고 투자까지 이루어지길 바라는 마음으로 이 글을 쓴다.

차례

PART 01

투자의 신세계 GPL을 만나다

01.
경매는 항상 패찰

필자는 부동산 경매에 대해 관심을 갖고 공부를 했었다. 단순히 비싼 집을 싸게 살 수 있을 거라는 기대감으로 경매를 공부를 시작했다. 내가 주로 보던 부동산 경매는 수도권 아파트였는데, 누구나 그렇듯 주변 지역에 시세를 잘 알고 있는 고향 지역의 아파트부터 시작해 경매 입찰을 했다. 책에서 보면 입찰만 해도 낙찰될 것만 같았지만 현실은 내 희망과 너무 달랐다. 입찰을 여러 번 시도했지만 패찰을 계속했다. 초보자가 접근할 수 있는 경매는 권리 관계가 복잡하지 않은 안전한 매각 물건들이었고 그러한 물건들은 경매 투자자들에게 인기가 많아 경쟁률이 어마어마했다.

내가 경험한 서울·경기 아파트경매는 생각보다 많은 이윤을 남기지 못했고 낙찰가율은 거의 시세와 비슷한 수준이었다. 비전문가인 내가 보는 안목은 다른 사람도 가진 평범한 안목이었다. 수익률과 낙찰률을 높이려면 특수 물건으로 접근해 복잡하게 얽혀 있는 권리분석을 해결해 나가든가, 부동산의 월등한 안목으로 경매에 입찰해 리모델링 또는 건축을 하는 디벨로퍼가 되어 낙찰받은 물건의 가치를 상승시켜 팔아야 했다. 평일에는 직장에 치여 사는 직장인, 주말엔 가족과 시간을 보내야 하는 가장인 나는 임장을 갈 시간조차 없었기에 자연스레 경매에 관심이 떨어졌다.

여러 번의 입찰을 통해 수도권 아파트의 경우 특수물건을 제외하고 아파트의 낙찰가율은 90~100% 사이를 맴돌고 경쟁률도 뛰어나다는 것을 몸소 현장에서 경험했다. 또한, 경매 공부를 통해 등기부등본을 열람하여 등기 우선순위, 권리분석 방법에 대해 자연스레 습득하게 되었다.

02.

경매의 꽃, NPL을 알게 되다

경매를 공부하던 중 경매의 꽃이라고 불리는 부실채권 NPL을 알게 되었다. NPL을 간략하게 살펴보면 돈을 빌린 사람(채무자)이 돈을 빌려준 사람(채권자)에게 돈을 빌리는 계약서를 작성하는 순간 채권(쉽게 종잇조각이라고 생각하자)이 발생한다. 그러나 채무자가 채권자에게 돈을 갚지 않게 되는 순간 이 채권은 부실채권이 된다. 부실채권이 생기게 되면 담보물을 제공한 담보채권일 경우 담보(아파트)를 가져와 돈을 대신한다.

합법적인 절차로 위와 같이 담보를 가져와 돈을 주는 법체계절차가 법원 경매이다. 이게 경매의 꽃이라고 하는 이유는 부실채권을 가지고 경매에 임하는 채권자는 치트키를 쓰는 것 같은 효과와 수익률을 극대화할 수 있는 방법이 무궁무진했기 때문이다. 이러한 방법을 알게 된 순간 너무 흥분해서 잠을 못 이뤘었다. 이미 많은 사람이 아는 내용이었지만, 그때는 누구도 모르는 비밀을 혼자만 안 것처럼 들

떠 있었다.

그러나 부실채권을 알게 된 2달 뒤인 16년 7월 25일 금융위원회는 국무회의를 통해 대부업 등의 등록 및 금융이용자 보호에 관한 법률을 시행하면서 대부업자, 여신금융기관의 대부채권을 매입할 수 있는 자를 여신금융기관, 매입추심업자로 등록한 대부업자, 공공기관(한국자산관리공사, 예금보험공사, 주택금융공사), 부실금융기관의 정리금융회사로 제한시켰다. 개인 투자자뿐 아니라 미등록된 대부업자, 자산관리회사 등 부실채권을 양도하는 것을 불법으로 정하고, 위반 시 3년 이하 징역 또는 3,000만 원 이하의 벌금을 물게 되었다. 법적으로 개인이 부실채권을 매입할 수 없게 막은 것이다. 채권추심업은 3억 이상의 자산이 있는 법인일 경우(현재 5억 법인)에만 가능해졌다.

정부의 부동산 투기과열 방지와 불법업자나 개인에게 마구잡이로 채권이 흘러가 무분별하게 이루어지는 채권 추심에 대해 막고자 위함이었지만 이런 정부 정책으로 NPL의 시장은 얼어붙기 시작했고, 각종 NPL 강의를 하는 학원이나 투자회사들은 문을 닫기 일쑤였다. 업계에 따르면 NPL 투자시장 규모가 2015년 말 기준 30조 원인데 개인 투자자들이 차지하는 부분이 3~5조 원 정도였다니 그럴 만도 할 것이다.

필자는 이렇게 노다지를 발견하고도 아무것도 할 수 없는 상황에

큰 좌절감이 들었고, 돈 있는 사람들만 돈을 벌 수 있는 상황이 된 것 같다는 생각이 들어 허탈함이 더 했다.

03.

GPL을 만나다

막연하게 문득 이런 생각을 하게 됐다. 'NPL을 구매하지 못하면, 내가 처음부터 돈을 빌려주면 안 될까? 만약 그 사람이 채무불이행 하게 되면 NPL이 되는 것이고 채무자가 이자랑 원금을 갚아 나가 면 다행일 것 같은데…' 이 생각만 잠시하고 대부업법이 개정된 이후 NPL과 경매는 쳐다보지도 않았다.

그 이후 투자에 실패하고 빚더미를 벗어나기 위해 욕심 없이 일 년 에 1천만 원이라도 벌자는 마음으로 경매를 다시 공부하기로 마음먹 고 여러 가지 책을 읽으면서 독학을 시작했다. 역시나 내 안목은 그 대로였다. 다시 용기를 갖고 시작한 경매 입찰에 계속해서 패찰을 거 듭했다. 혹시나 하는 생각으로 다시 한번 NPL을 공부하였고, 3년의 세월 동안 개인 NPL 투자는 죽지 않고, 합법적인 틀 안에서 다양한 방법으로 파생되어 있었다.

우연히 여러 NPL 책자 중 간략하게 GPL을 소개하는 책을 접하게 되었다.

GPL은 GOOD PERFORMING LOAN의 약자로 정상채권을 말한다. 내가 은행처럼 채무자에게 돈을 빌려주고 나는 채권자가 되는 방법으로 수익률은 연 18~22%로 5천만 원 투자 시 최대 연 1,100만 원, 월 91만 원을 받게 되는 투자 방법이었다. 나는 해당 내용을 보고 흥분하지 않을 수 없었다. 바로 투자를 시작했다.

나는 이 GPL 투자방법이 안전성, 수익성, 환금성 3요소를 모두 갖춘 투자라 확신했고 바로 투자를 결심했다. 그 이후 제일 먼저 내가 타던 차를 팔았다. 이후 종신보험에 가입되어 있던 것을 해지하고 마지막으로 은행에 가서 추가로 돈을 대출해 총 9,800만 원을 만들었다. 빚더미에 빚을 더한 순간이었지만 이는 잠시일 뿐 빚더미에서 벗어날 절호의 기회라고 생각했고 9,800만 원이라는 돈을 GPL에 투자하였다. 그리고 결과적으로 이 투자는 매달 179만 원, 연 2,156만 원의 이자수익을 주었다. 나는 어떻게 그렇게 확신에 차 그 돈을 투자할 수 있었을까?

PART 02

GPL 투자는
무엇인가?

01.

GPL 투자는 무엇인가?

먼저 GPL은 앞서 이야기했듯이 GOOD PERFORMING LOAN의 약자이며, 정상채권을 말한다. 채무자가 채권자에 돈을 빌리고 채무 이행을 정상적으로 이행하는 채권을 이야기한다. 쉽게 말해서 제1금융권에서 대출을 받고 내가 이자를 갚아 나간다면 그 채권은 GPL인 것이다.

내가 이 책에서 말하는 GPL 투자상품은 서울 수도권 아파트를 담보하는 대출 상품을 이야기한다. 이 담보상품 중에서도 후순위 담보대출을 이야기하며 대출금리는 18~22%(연체 시 21~24%)를 받는 투자방법이다. 또한 투자자는 해당 담보에 근저당권 또는 근저당권부 질권을 등기 또는 부기등기를 하는 투자방법이다. 더 나아가 GPL 투자가 이루어지고 채무자가 정상적으로 이자를 변제해 가면 GPL로써 매월 꾸준한 이자소득을 얻게 되겠지만 만에 하나 채무자가 채무를 일정 기간 변제를 하지 않게 되면 해당 GPL, 정상채권은 NPL 부실채권으로 변모하게 된다. 돈을 빌려준 채권자는 채무자로부터 투자금을 회수하기 위해 법적절차인 법원경매를 진행하게 되고 낙찰금으로 법원에서 투자자가 투자한 금액에 대해 배당받게 된다. 그럼 실제로 GPL 투자자들이 경매를 통해 배당을 받는 경우가 많을까? 여태껏 경매까지 진행되어 법원에서 배당받은 경우는 약 1,000여 건 투자 중에 단 한 건이 있었다. 그 이유는 대부분의 채무자들이 집을 급매로 팔아 채무를 변제하기 때문이다. 경매 이외에 회수방안으로 투자자는 부실채권만을 회수해 추심하는 전문 NPL 회사에 투자금액과 연체된 이자의 일정금액을 받고 매각할 수도 있다. 그래서 GPL 투자자는 기본적인 경매에 대한 이해와 NPL에 대한 이해는 필수적이다.

과연 이 생소한 GPL 투자가 새로운 투자인가 골똘히 생각해 보면 아니다. 돈을 빌리고 갚는 금전거래의 역사는 이루 말할 수 없이 깊고, 주택담보대출은 이미 1금융권, 2금융권, 사금융권에서 계속해서 하고 있던 대출 상품이었다. 한국은행이 2020년 2월 11일 발표한 2020년 1월 중 금융시장 동향을 보면 지난달 말 은행 주택담보대출 잔액은 657조 9,000억이다. 왜 그렇게 많은 돈을 대출해 주었을까? 답은 간단하다. 담보가 있기에 채무자가 돈을 안 갚아도 담보물에 대한 권리행사로 경매를 통한 금액 회수가 가능했기 때문이다. 그저 필자는 여태껏 금융사들이 해 왔던 금융업무를 행운의 기회로 개인이 투자하는 방법을 알게 된 것뿐이었다.

02.

서울·수도권 후순위 담보대출이
떠오른 배경이 무엇일까?

9·12 부동산 정책 이후 정부 정책으로 LTV 규제, 신DTI, DSR 도입을 발표했다. 각각의 의미를 살펴보면, LTV(Loan To Value rafo)는 주택담보인정비율로 주택담보가치에 따른 대출 가능 한도를 말한다. LTV가 60%라고 가정하면 1억 원인 집은 6천만 원이 대출 가능한 것이다.

DTI(Debt To Income)는 총부채상환비율로 대출금액에 대한 상환 능력을 보는 기준으로 수입에 대해 빚을 얼마나 갚아야 하고 연간 상환해야 할 돈이 수입의 일정 비율을 넘지 않도록 하기 위해 사용된다. DTI은 대출을 받으려는 가계의 총소득에서 모든 주택담보대출 연간 원리금(원금+이자) 상환액+기타 대출의 연간 이자상환액이 차지하는 비율을 말한다. 이 DTI는 부동산 담보 대출 시에도 적용되는데 부동산 담보물의 가격만 대출한도로 결정하는 LTV와 차이점이 있다. 따라서 DTI 기준을 적용하게 되면 담보가치가 높더라도 연 소득이 충분하지 않으면 대출을 못 받을 수 있다.

DSR(Debt Service Ratio)란 총부채원리금상환비율을 말하며 모든 가계대출 원리금 상환액을 연간소득으로 나눈 것이다.

최근에 정부는 수도권 지역의 국지적 과열에 대한 투기수요를 차단하고, 주택시장을 안정적으로 관리하기 위한 방안으로 주택담보대출 LTV 규제 강화, 주택구입목적의 사업자대출 관리강화, 1 주택 세대의 주택담보대출 시 실수요 요건 강화 등 여러 가지 강화하기 목적으로 새로운 규제 강화를 내놓았다. 여기서 투자자들이 참고해야 될 내용은 LTV 규제 현황이다.

차주 유형	목적		아파트 가격	규제지역			비규제 지역
				투기지역	투기과열지구	조정대상지역	
가계대출	**아파트 구입용**		15억 원 초과	0%	0%	50%/30%	70%
			9억 원 초과 15억 원 이하	40%/20%	40%/20%		
			9억 원 이하	40%	40%	50%	
	아파트 구입 이외		9억 원 초과	40%/20%	40%/20%	50%/30%	
			9억 원 이하	40%	40%	50%	
기업 대출*	주택 임대업	**아파트 구입용**	15억 원 초과	0%	0%	50%/30%	규제 없음
			9억 원 초과 15억 원 이하	40%/20%	40%/20%		
			9억 원 이하	40%	40%	50%	
	주택 매매업	아파트 구입 이외	9억 원 초과	40%/20%	40%/20%	50%/30%	
			9억 원 이하	40%	40%	50%	
	기타 업종		주택구입 용	0%	0%	0%	
			주택 구입 이외		**규제 없음**		

* 기업대출은 개인사업자 및 법인사업자 대출을 모두 포함

※ 가계대출 중 주택구입 목적이 아닌 생활안정자금 목적 주담대는 1억 원 한도 내에서 가능(단, 여신심사위원회 승인 시 LTV 규제 비율 내에서 1억 원 초과 가능)

※ 또한, 투기지역·투기과열지구 내 15억 원 초과 아파트에 대한 임차보증금 반환 목적 주담대 는 제한(가계차주는 1억 원 한도 내에서 가능)

　

이렇듯 정부의 규제로 금융기관의 담보대출 가능 범위가 낮아졌
다. 정부 규제 정책으로 추가자금이 필요한 사람들은 우량 담보 물
건이 있음에도 금융권에서 대출이 제한되어 담보 가격대비 필요 자

금 대출이 힘들어졌다. 이러한 정부 정책 여파로 사금융은 담보대출 가능영역이 늘어나게 되는 효과가 되어 후순위 담보대출이 떠오르게 되었다.

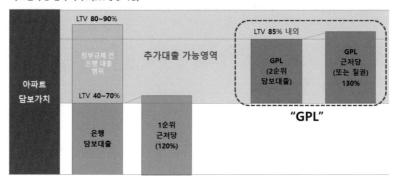

규제지역 지정 현황(20. 2. 21 기준)

지역	투기지역	투기과열지구	조정대상지역
서울	강남, 서초, 송파, 강동, 용산, 성동, 노원, 마포, 양천, 영등포, 강서(17. 8. 3), 종로, 중구, 동대문, 동작(18. 8. 28)	전 지역 (17. 8. 3)	전 지역 (16. 11. 3)
경기	-	과천(17. 8. 3), 성남분당(17. 9. 6), 광명, 하남(18. 8. 28)	과천, 성남, 하남, 고양 (7개 지구*), 남양주(별내·다산동), 동탄2(16. 11. 3), 광명(17. 6. 19), 구리, 안양동안, 광교지구 (18. 8. 28), 수원팔달, 용인수지·기흥 (18. 12. 31), 수원영통·권선·장안, 안양만안, 의왕(20. 2. 21)

대구	–	대구수성(17. 9. 6)	–
세종	세종(17. 8. 3)	세종(17. 8. 3)	세종(16. 11. 3)

* (고양시 7개 지구) 삼송택지개발지구, 원흥·지축·향동 공공주택지구, 덕은·킨텍스 1단계 도시
개발지구, 고양관광문화단지(한류월드)

03.

GPL 투자 수익률

GPL 투자 수익률을 다른 부동산 투자와 은행에 예금 시 수익률과 비교해 보자. 1년 동안 5,000만 원 투자할 경우 은행, 아파트, 상가, GPL 투자 수익률 비교하면 은행은 높게 연 2.5%로 1,250,000원, 월 104,000원이다. 아파트의 경우 수익률은 평균 연 5%로 연 2,500,000원, 월 208,000원, 상가의 경우 평균 연 7%로 연 3,500,000원, 월 292,000원이다. GPL은 어떨까? 평균 연 18~22%로, 22%로 계산 시 무려 연 11,000,000원, 월 917,000원이다. 저금리 기조가 계속되는 가운데 이와 같은 수익은 어마어마하다.

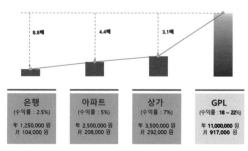

GPL 투자 수익율 1년 동안 **5000만원** 투자 할 경우 월 **91만원**

은행 (수익률 : 2.5%)	아파트 (수익률 : 5%)	상가 (수익률 : 7%)	GPL (수익률 : 18 ~ 22%)
年 1,250,000 원 月 104,000 원	年 2,500,000 원 月 208,000 원	年 3,500,000 원 月 292,000 원	年 11,000,000 원 月 917,000 원

8.8배　　4.4배　　3.1배

실 예시로 필자가 투자한 두 개의 물건을 살펴보자.

 **사례분석 1**

경기도 남양주시 진겁읍 용정리 813-1 동성아파트 ○○○○동 ○○○○호
건물 99.06㎡(30평형) 전용 84.7㎡(26평형)
KB시세가 217,500,000원
매매가액 220,000,000~240,000,000원
1순위 대출액 110,000,000원(교보생명)
2순위 대출요청액 55,000,000원
1순위 대출이자 3.5%
2순위 대출예정이자 22%
건물 시세가 대비 대출액(LTV)
165,000,000/217,500,000=75.86%
경기도 남양주시 아파트 매각가율 86.1%
동종 아파트 매각가율 93%

해당 GPL에 5,500만 원을 투자하여 월 100만 원, 연 1,200만 원의 이자소득을 얻었다.

담보분석표

수익률 : 연 22% / 중도 2%

투자금액 : **5500** 만원   월예상수익 : **100** 만원

주 소	경기도 남양주시 진건읍 정리813-1외 3필지 동성아파트 제102동 ****호
주변여건	용신초, 쌈지공원, 퇴계원 행정복지센터, 사릉역

담보비율(LTV) **76.74** %

■ 1순위 ■ 2순위 ■ 잔여금액

48.0	16.7	35.3

0% 10% 20% 30% 40% 50% 60% 70% 80% 90% 100%

담보물건 요약

단위 : 만원

평균 KB시세가 (하위/상위)	21500 20000 23000	매매가액 (월세/전세)	22000 - 24000 3000 / 60 / 16000
1순위 대출 (설정금액)	11000 (교보생명) 13200	2순위 대출 (설정금액)	5500 (****대부) 8250
잔여금액	5000	자금용도	가계생활자금
전용면적	84.97㎡(26평)	대지면적	99.06㎡(30평)
세대수	343세대	매각가율 (최근3개월)	86.10%
실거래가 (매매가/층수/일자)	23700 / 4		22900 / 7

차주정보

프리랜서 보험설계사 월 1100만원 통장소득 / 길**(담보제공자) 윤*(차주)

채권보존방법

◆ 국세납부증명원, 지방세납부증명원, 전입세대 열람확인원, 지방세세목별과세증명원, 사실증명원(당해세 체납여부확인)

◆ 여신품의서, 대출거래약정서(금전소비대차약정서), 전입세대확인서, 근저당권설정계약서,대위변제신청서, 대위변제동의서, 개인신용정보
    활용동의서, 가등기설정계약서, 기타

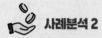

경기도 고양시 일산동구 백석동 1329 밀레니엄리젠시 제○○○호

아파트 159.16㎡ 72평형 전용 159.16㎡

건물 240.89㎡(72평형) 전용 159.16㎡(48평형)

KB시세가 427,500,000원

매매가액 415,000,000원

1순위 대출액 307,000,000원(새마을금고)

2순위 대출요청액 43,000,000원

1순위 대출이자 3.5%

2순위 대출예정이자 22%

건물 시세가 대비 대출액(LTV)

350,000,000/427,500,000=81.87%

경기도 고양시 아파트 매각가율 86.4%

동종 아파트 매각가율 93%

해당 GPL에 4,300만 원을 투자하여 월 79만 원의 이자, 연 948만 원의 이자소득을 얻었다. 해당 투자의 경우 단 하루도 연체되지 않고 모든 채무를 정상적으로 상환했다.

담보분석표

수익률 : 연 22% / 중도 2%

투자금액 : **4300** 만원   월예상수익 : **79** 만원

주 소	경기도 고양시 일산동구 백석동 1329 밀레니엄리젠시 ***호
주변여건	백신고등학교, 코스트코, 일산 IC, 마두역

담보비율(LTV)   **81.87** %

■ 1순위   ■ 2순위   잔여금액

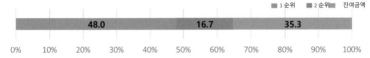

48.0	16.7	35.3

0%   10%   20%   30%   40%   50%   60%   70%   80%   90%   100%

담보물건 요약

단위 : 만원

평균 KB시세가 (하위/상위)	42750 40500 45000	매매가액 (월세/전세)	41500 5000 - 150 / 34750
1순위 대출 (설정금액)	30700 새마을금고 39910	2순위 대출 (설정금액)	4300 (****대부) 6450
잔여금액	7750	자금용도	기 대부업체 대환대출
전용면적	159.16㎡(48평)	대지면적	240.89㎡(72평)
세대수	308세대	매각가율 (최근3개월)	86.40%
실거래가 (매가/층수/일자)	0 / 0		0 / 0

차주정보

기업 컨설팅 프리랜서 (월 500만원)

채권보존방법

◆ 국세납부증명원, 지방세납부증명원, 전입세대 열람확인원, 지방세세목별과세증명원, 사실증명원(당해세 체납여부확인)

◆ 여신품의서, 대출거래약정서(금전소비대차약정서), 전입세대확인서, 근저당권설정계약서,대위변제신청서, 대위변제동의서, 개인신용정보
   활용동의서, 가등기설정계약서, 기타

위 투자사례와 같이 필자는 9,800만 원이라는 돈을 두 개 아파트
에 투자하여 연 22%이자 월 179만 원의 이자, 연 2,156만 원의 이자

를 받았다.

 필자가 이렇게 1억 원에 가까운 돈을 과감하게 투자할 수 있었던 이유는 법원으로부터 수집된 경매 통계수치를 믿었고 내가 투자할 때 담보물에 근저당권 또는 근저당권부 질권설정을 함으로써 법적 권리를 얻었기 때문이었다.

PART 03

GPL 투자
어떻게 안전한가?

01.
등기부등본 이해하기

　이미 이 후순위 담보채권 투자에 알고 있고 관심이 있는 젊은 사람들이 많다. 최근 피플펀드, 어니스트펀드, 테라펀딩, 렌딧 등등 P2P펀딩회사들이 급증하면서 고수익 투자상품을 광고하고 있는데, 그들이 홍보하는 상품 중의 하나가 후순위 담보채권 투자이다. 이렇듯 이미 P2P펀딩회사를 통해 직접 투자를 하고 있거나 간접적으로 미디어 홍보를 통해 여러 사람들이 이미 알고 있다.

　P2P펀딩회사와 필자가 말하는 GPL 투자는 근본적인 투자 방식, 대출한도 산출 방법, 사후대책 방안도 대동소이하다. 하지만 P2P펀딩과 필자가 말하는 GPL 투자와는 매우 큰 차이점이 있다. 바로 투자자에 대한 안전장치다. P2P펀딩회사는 근저당권 또는 질권설정을 투자자 명의로 하지 않고, P2P펀딩회사 명의로 하는데 투자자들은 그 대신 수익증서를 담보 받는다. 하지만 수익증서는 종잇조각에 불과해 담보물에 대해 법적으로 어떠한 권리도 직접적으로 주장할 수

없다. P2P펀딩회사를 통해 투자한 투자자들은 담보물에 권리를 주장하기 위해서는 별도의 소송으로 승소해 해당 권리를 인정받아야만 한다.

하지만 필자가 말하는 GPL 투자 후순위 담보대출은 투자자 명의가 등기부에 근저당권 또는 질권으로 등기되어 안정장치를 확보한다. 투자자는 담보물의 등기부등본을 확인하면 투자자의 이름과 설정금액 등이 기재되어 채권자로 등기되는데 이러한 투자자의 권리등기가 어떻게, 왜 안전한지 알아보려고 한다.

이 모든 것을 이해하기 위해 등기부등본을 살펴보는 방법을 알아야 한다. 이 등기부등본을 어떻게 확인하고, 투자자의 명의로 된 근저당권 또는 근저당권부 질권의 등기가 등기부등본에 어떻게 기재되는지, 투자자 말고 다른 채권자들의 권리들은 어떻게 기재 되어 있고 우선순위는 어떻게 되는지 확인해 보자. 살면서 알아 두면 도움이 되는 내용이니 꼭 알고 넘어가기를 당부한다. 자신이 살고 있는 집에 등기부등본을 함께 참고해 가며 보면 쉽게 이해가 갈 것이다.

등기부등본은 오프라인으로는 등기소에서, 온라인으로는 인터넷 대법원 인터넷등기소(http://www.iros.go.kr) 및 어플리케이션(인터넷등기소)을 통해 확인이 가능하다.

아파트 GPL 투자, 연봉에 알파를 더하다

그림과 같이 해당 어플리케이션이나, 인터넷 홈페이지에서 열람하고자 하는 주소지를 검색하여 등기부등본을 쉽게 열람할 수 있다.

부동산등기부(=부동산등기부등본)

부동산등기부는 부동산에 관한 권리관계 및 현황이 등기부에 기재되어 있는 공적장부를 말한다. 즉, 대상 부동산의 지번, 지목, 구조, 면적 등의 현황과 소유권, 저당권, 전세권, 가압류 등의 권리설정 여부를 알 수 있다. 부동산등기부에는 토지등기부와 건물등기부가 있으며, 표제부·갑구·을구로 구성되어 있다. 표제부에는 부동산의 소재지와 그 현황이 나와 있고, 갑구에는 소유권 및 소유권 관련 권리관계(예: 가등기, 가처분, 예고등기, 가압류, 압류, 경매 등)를, 을구에는 소유권 이외의 권리 관계(예: 저당권, 전세권, 지역권, 지상권 등)를 표시한다. 투자자의 경우에는 을구란에 등기된다.

 필자가 투자한 물건의 실제 등기부등본을 예시로 하나하나 살펴보자. 아래 그림은 집합건물의 등기부 등본의 표제부이다. 집합건물의 표제부는 다시 1동 건물에 대한 표시, 대지권의 목적인 토지에 대한 표시, 전유부분 건물의 표시, 대지권의 표시로 나눠진다.

등기사항전부증명서(말소사항 포함)
- 집합건물 -

[집합건물] 경기도 남양주시 진건읍 용정리 813-1외 3필지 동성아파트 제102동

① **【 표 제 부 】** (1동의 건물의 표시)

표시번호	접 수	소재지번,건물명칭 및 번호	건 물 내 역	등기원인 및 기타사항
~~1~~ ~~(전 1)~~	~~1999년5월19일~~	~~경기도 남양주시 진건면~~ ~~용정리 813-1~~ ~~경기도 남양주시 진건면~~ ~~신월리 99-1, 99-9, 99-13~~ ~~동성아파트 제102동~~	~~철근콘크라트벽식조~~ ~~평스라브지붕~~ ~~20층 아파트~~ ~~1층 1379.07㎡~~ ~~2층 1379.07㎡~~ ~~3층 1448.37㎡~~ ~~4층 1439.97㎡~~ ~~5층 1439.97㎡~~ ~~6층 1439.97㎡~~	~~도면편철장 제2책132장~~

①

표시번호	접 수	소재지번,건물명칭 및 번호	건 물 내 역	등기원인 및 기타사항
3		경기도 남양주시 진건읍 용정리 813-1 경기도 남양주시 진건읍 신월리 99-1, 99-9, 99-13 동성아파트 제102동 [도로명주소] 경기도 남양주시 진건읍 사릉로452번길 3	철근콘크리트벽식조 평스라브지붕 20층 아파트 1층 1379.07㎡ 2층 1379.07㎡ 3층 1448.37㎡ 4층 1439.97㎡ 5층 1439.07㎡ 6층 1439.97㎡ 7층 1439.97㎡ 8층 1439.97㎡ 9층 1439.97㎡ 10층 1439.97㎡ 11층 1439.97㎡ 12층 1245.39㎡ 13층 896.14㎡ 14층 896.14㎡ 15층 896.14㎡ 16층 896.14㎡ 17층 385.38㎡ 18층 385.38㎡ 19층 385.38㎡ 20층 385.38㎡	도로명주소 2012년3월15일 등기
표시번호	접 수	소재지번,건물명칭 및 번호	건 물 내 역	등기원인 및 기타사항
			지층 4917.65㎡	

② (대지권의 목적인 토지의 표시)

표시번호	소 재 지 번	지 목	면 적	등기원인 및 기타사항
1 (전 1)	1. 경기도 남양주시 진건면 용정리 813-1	대	4734㎡	1999년5월19일
	2. 경기도 남양주시 진건면 신월리 99-1	대	7002㎡	
	3. 경기도 남양주시 진건면 신월리 99-9	대	403㎡	
	4. 경기도 남양주시 진건면 신월리 99-13	대	40㎡	부동산등기법 제177조의 6 제1항의 규정에 의하여 2000년 08월 04일 전산이기

① 1동 건물의 표시에 대한 표제부

집합건물 1동 건물의 표시다. 등기한 순서와 접수날짜가 나오고, 건물의 위치 · 명칭 · 번호 등이 표시된다. 건물의 구조, 층수, 용도, 면적 등도 나오며 건물의 종류도 잘 보아야 한다.

② 대지권의 목적인 토지의 표시에 대한 표제부

집합건물이 속한 토지 즉, 대지권의 목적인 토지에 대한 표시다. 소재지 지번, 토지의 지목(예: 대지, 공장용지, 학교용지, 도로, 하천, 공원 등), 면적 등이 나온다.

등기부 등본(집합건물) [표제부] (전유부분 건물의 표시) 예시

①

【 표 제 부 】 (전유부분의 건물의 표시)				
표시번호	접 수	건물번호	건물내역	등기원인 및 기타사항
1 (전 1)	1999년 5월 19일	제1116호	철근콘크리트 벽식조 84.970㎡	도면편철장 제2책132장
				부동산등기법 제177조의 6 제1항의 규정에 의하여 2000년 08월 04일 전산이기

②

(대지권의 표시)			
표시번호	대지권종류	대지권비율	등기원인 및 기타사항
1 (전 1)	1, 2, 3, 4 소유권대지권	12179분의 39.6602	1999년 4월 22일 대지권
			1999년 5월 19일
			부동산등기법 제177조의 6 제1항의 규정에 의하여 2000년 08월 04일 전산이기

① 전유부분의 건물의 표시

집합건물에 속한 한 세대에 대한 건물의 표시다. 건물번호란(개인 정보유출을 염려하여 위 예시는 삭제)에는 층과 호수 등이 나오고 건

아파트 GPL 투자, 연봉에 알파를 더하다

물내역에 면적 등이 나온다. 여기에 나오는 면적이 전용면적이다.

② 대지권의 표시

집합건물이 속한 대지 중 해당 전유세대의 지분에 해당하는 토지에 대한 표시다. 대지권 종류란에는 대지권의 대상이 되는 권리를 표시한다. 소유권 대지권이 일반적이다. 대지권 비율은 1동 건물에 속한 토지 중 해당 전유부분이 차지하는 지분 비율을 표시한다.

등기부 등본의 [갑구]

【 갑 구 】	(소유권에 관한 사항)			
순위번호	등 기 목 적	접 수	등 기 원 인	권리자 및 기타사항
1 (전 4)	소유권이전	1999년8월21일 제59813호	1996년2월8일 매매	소유자 길 남양주시 진건면 신월리 99-1 동성아파트
				부동산등기법 제177조의 6 제1항의 규정에 의하여 2000년 08월 04일 전산이기
1-1	1번등기명의인표시 변경	2019년1월25일 제6929호	2016년2월4일 전거	길 청학로92번길 48-13,
1-2	1번등기명의인표시 변경	2019년8월2일 제84807호	2019년5월17일 전거	길 순화궁로988번길 18, 2동

갑구에는 소유권과 관계있는 사항이 기록되어 있다. 순위번호, 등기목적, 접수일 등기를 한 이유와 권리자 등이 나온다. 등기한 순서대로 나오므로 마지막 부분에서 현재의 부동산 주인이 누구인지 확인할 수 있다. 토지나 건물을 공유할 수도 있는데, 단독 소유면 '소유자', 공동 소유면 '공유자'라고 나오고 지분을 표시한다. 갑구에 가등기, 가처분, 예고등기, 가압류, 압류, 경매 등 다른 등기가 있다면 소유권에 관한 분쟁의 소지가 있을 수 있다.

등기부 등본의 [을구]

【 을 구 】	(소유권 이외의 권리에 관한 사항)			
순위번호	등 기 목 적	접 수	등 기 원 인	권리자 및 기타사항
1 (전 1)	근저당권설정	1999년8월21일 제59814호	1999년8월20일 설정계약	채권최고액 금52,000,000원 채무자 길── 남양주시 진건면 신월리 99-1 동성아파트 근저당권자 주식회사한국주택은행 110111-1480469 서울 영등포구 여의도동 36-3 (퇴계원지점)
				부동산등기법 제177조의 6 제1항의 규정에 의하여 2000년 08월 04일 전산이기
1-1	1번근저당권이전	2011년1월4일 제412호	2001년11월1일 회사합병	근저당권자 주식회사국민은행 110111-2365321 서울특별시 중구 남대문로2가 9-1 (담보지원센터)
2	근저당권설정	2007년8월7일 제89974호	2007년8월7일 설정계약	채권최고액 금19,500,000원 채무자 길── 경기도 남양주시 진건면 신월리 99-1 근저당권자 주식회사국민은행 110111-2365321

순위번호	등 기 목 적	접 수	등 기 원 인	권리자 및 기타사항
				서울특별시 중구 남대문로2가 9-1 (퇴계원지점)
3	근저당권설정	2010년12월30일 제137068호	2010년12월29일 설정계약	채권최고액 금108,000,000원 채무자 길── 경기도 남양주시 진건면 신월리 99-1 근저당권자 주식회사한국스탠다드차타드제일은행 110111-0013419 서울특별시 종로구 공평동 100 (소매여신운영부)
4	1번근저당권설정등 기말소	2011년1월4일 제413호	2011년1월3일 해지	
5	2번근저당권설정등 기말소	2011년1월4일 제414호	2011년1월3일 해지	
6	근저당권설정	2013년2월8일 제15725호	2013년2월8일 설정계약	채권최고액 금139,680,000원 채무자 윤── 경기도 남양주시 진건읍 사릉로452번길 근저당권자 교보생명보험주식회사 110111-0014970 서울특별시 종로구 종로1가 1
7	3번근저당권설정등 기말소	2013년2월8일 제15726호	2013년2월8일 해지	
8	근저당권설정	2019년1월25일 제6945호	2019년1월25일 설정계약	채권최고액 금26,000,000원 채무자 윤── 경기도 남양주시 진건읍 사릉로452번길 3. 근저당권자 주식회사라드코프 110111-0219398 서울특별시 영등포구 은행로 25(여의도동)

9	근저당권설정	2019년8월2일 제84827호	2019년8월2일 설정계약	채권최고액 금82,500,000원 채무자 윤 　　경기도 남양주시 진건읍 사릉로452번길 3, 근저당권자 주식회사　　　대부 　　120111-0
순위번호	등 기 목 적	접　　수	등 기 원 인	권리자 및 기타사항
				인천광역시 부평구 열우물로 54,
9-1	9번근저당권부채권 질권설정	2019년8월2일 제84828호	2019년8월2일 설정계약	채권액 금82,500,000원 채무자 주식회사　　　대부 　　인천광역시 부평구 열우물로 54, 채권자 남 　　경기도 평택시 　　509호(이충동)
10	8번근저당권설정등 기말소	2019년8월2일 제84829호	2019년8월2일 해지	

　을구에는 소유권 이외 권리가 기록되어 있다. (근)저당권, 전세권, 지역권, 지상권 등의 권리가 표시되고 읽는 방법은 갑구와 비슷하다. 을구가 투자자들 입장에서 가장 연관이 많은 부분이니 잘 보도록 하자. 을구는 보통 전세권 설정이나 해당 부동산을 담보로 대출을 체결할 때 근저당권을 볼 수 있다.

　여기 등기부를 예로, 보면 부동산등기부등본의 을구란에 삭선이 되어 있는 것은 말소가 된 것이고 삭선이 없는 등기는 현재 유효한 등기이다. 등기순위 6번 근저당권을 살펴보면 근저당권자로 교보생명보험주식회사에서 채권최고액 1억 3천 9백만 원을 설정하였다. 이 경우 실제 원금은 1억 1천 5백만 원 정도라고 보면 된다. 채권최고액에는 통상 실제 채권액의 120~130%를 설정하기 때문이다.

　빨간색으로 박스 쳐져 있는 부분을 자세히 살펴보면, 등기순위 9

번에 윤이라는 채무자가 주식회사 대부에 돈을 빌리고 근저당권자로 등기되어 있다. 그런데 근저당권자인 주식회사 대부가 순위번호 9-1 질권설정으로 채무자로 되어 있고 채권자에 '남'이라는 사람이 채권자로 설정되어 있다. 이는 근저당권부 질권으로 대부분의 개인 투자자가 GPL에 투자 시 위의 경우처럼 등기가 될 것이다.

등기된 권리의 순위

각 등기는 등기한 순서대로 순위번호를 기재하고, 같은 구에서는 그 순위번호에 의하여 등기의 우열이 가려지며, 부기등기(순위번호가 1-1 또는 2-1 등으로 기재된 경우)의 순위는 주등기의 순위에 의한다. 그러나 가등기가 있는 경우에 본등기를 하면 그 본등기의 순위는 가등기의 순위에 의한다. 갑구와 을구 사이의 등기순위는 접수일자와 접수번호에 의하여 그 우열을 가리게 된다.

02.

근저당권과 근저당권부 질권

요즘 젊은 세대의 많은 사람들은 P2P펀딩회사를 통해 GPL에 투자한다. P2P펀딩회사에서 하는 GPL 투자는 신용대출, PF 펀딩, 질권대출, 담보대출 등등 여러 상품들이 있다. 그러나 앞서 말했듯이 P2P펀딩회사를 통한 투자와 필자가 말하는 GPL 투자와 가장 다른 것이 있다면 그것은 투자자의 명의로 담보물에 대해 근저당권 또는 근저당권부 질권을 설정함으로써 투자자의 권리를 등기하게 된다는 것이다. 이전에 등기부등본에 (근)저당권과 (근)저당권부 질권이 어떻게 등기되어 있는지 살펴보았는데 이 등기가 갖는 의미는 무엇인가 살펴보자.

저당권의 의미

사전적 의미로 채권자가 채무자 또는 제3자(物上保證人)로부터 점유를 옮기지 않고 그 채권의 담보로 제공된 목적물(부동산)에 대하여 일반 채권자에 우선하여 변제를 받을 수 있는 약정담보물권(約定擔保物權)(민법 356조)을 저당권이라 한다.

쉽게 말해 민법상 채무자가 담보로 제공한 물건을 담보제공자가 점유·이용할 수 있도록 하고 채무가 이행되지 않을 때 그 물건에서 우선적으로 변제를 받을 수 있는 채권자의 권리를 말한다. 이 채권자의 권리에는 경매권과 우선변제권이 있다. 질권과는 달리 저당권은 유치효력을 가지고 있지 않기 때문에 변제 기간까지 채무자가 목적물을 점유하게 된다. 이러한 저당권을 설정할 경우에는 어느 시점에 채권액(원금)을 기재하게 되고 해당 시점이 도달 시 채권액을 채무자가 변제해야 한다.

근저당권이란 계속적인 거래로 발생하는 채권을 근래의 어느 시점에 일정한 한도액까지 담보하기 위해 부동산에 설정하는 저당권이다. 그래서 등기부에는 돈을 빌려준 원금 금액이 아닌 채권최고한도액을 설정한다. 이는 원금 대비 120%, 130%, 150% 등 다양하게 설정하고 채무자가 채무 불이행 시 채권자는 변제할 때까지의 원금과 이자를 채권 최고한도액 내에서 법원으로부터 배당받을 수 있다.

질권의 의미

담보 물건을 채무의 변제가 있을 때까지 유치함으로써 채무의 변제를 간접적으로 강제하는 동시에, 변제가 없는 때에는 그 질물로부터 우선적으로 변제를 받는다. 질권은 저당권과 함께 약정담보물권으로써 금융을 얻는 수단으로 이용된다. 질권을 설정할 수 있는 것은 동산과 양도할 수 있는 권리(채권·주식·특허권 등)이다.

질권자는 질물을 유치할 권리와 함께, 채무자가 기한 내에 갚지 않을 때는 질물로부터 우선변제를 받을 권리를 가진다. 우선변제를 받으려면 원칙적으로 민사소송법에 따라 경매하여야 하나, 감정인의 평가에 따라 간이변제충당을 할 수도 있다(민법 338조).

이렇듯 담보물권에 근저당권 또는 그 근저당권부 질권을 설정한다면 나는 해당 담보물에 대한 권리를 갖게 되어 채무자가 돈을 갚지 않아 기한의 이익상실이 되면 담보권 실행을 위한 경매(임의경매)를 통해 경매낙찰가 내에서 권리 순서에 맞게 법원배당을 받을 수 있다. (근)저당권부 질권자의 경우 경매신청 및 배당요구를 할 수 있는 권리가 주어진다. 그 근거는 민법 제348조(저당권채권에 대한 질권과 부기등기)에 의거하고 아래와 같다.

민법 제348조(저당채권에 대한 질권과 부기등기)
저당권으로 담보한 채권을 질권의 목적으로 한때에는 그 저당권등기에 질권의 부기등기를 하여야 그 효력이 저당권에 미친다.

위 근거에 따라 질권자가 저당권에 효력을 미치려면 부기등기가 필수적인 요건이 된다. 필자가 계속해서 이야기한 법적인 권리가 등기로 인해 주어지는 것이다.

또한 아래 법률을 보면

> **동산채권 등의 담보에 관한 법률 제2조(정의) 3항**
> 채권담보권은 담보약정에 따라 금전의 지급을 목적으로 하는 지명채권을 목적으로 등기한 담보권을 말한다.

라고 명시되어 있는바 추가로 아래의 법조항에 의거 질권자는 대항요건도 갖추어야 한다.

> **민법 제349조(지명채권에 대한 질권의 대항요건)**
> 지명채권을 목적으로 한 질권의 설정자가 제450조의 규정에 의하여 제3채무자에게 질권설정의 사실을 통지하거나 제3채무자가 이를 승낙함이 아니면 이로써 제3채무자 기타 제3자에게 대항하지 못한다.
>
> **민법 제450조(지명채권양도의 대항요건)**
> ① 지명채권의 양도는 양도인이 채무자에게 통지하거나 채무자가 승낙하지 아니하면 채무자 기타 제3자에게 대항하지 못한다.
> ② 전항의 통지나 승낙은 확정일자 있는 증서에 의하지 아니하면 채무자이외의 제삼자에게 대항하지 못한다.

질권자는 대항요건을 갖추기 위한 통지와 승낙은 둘 다 어떠한 방법으로 해도 상관없으나 확정일자 있는 증서에 의하여야 하며, 질권

설정계약서, 담보차입증서 등 확정일자를 붙여 제3채무자에게 교부한 경우에도 통지 또는 승낙한 것으로 볼 수 있다. 여기서 말하는 제3채무자란 담보제공자 또는 원채무라 이해하면 된다.

또한

동산·채권등의 담보에 관한법률 63조(채권담보권의 실행)

① 담보권자는 피담보채권의 한도에서 채권담보권의 목적이 된 채권을 직접 청구할 수 있다.

② 채권담보권의 목적이 된 채권이 피담보채권보다 먼저 변제기에 이른 경우에는 담보권자는 제3채무자에게 그 변제금액의 공탁을 청구할 수 있다. 이 경우 제3채무자가 변제금액을 공탁한 후에는 채권담보권은 그 공탁금에 존재한다.

③ 담보권자는 제1항 및 제2항에 따른 채권담보권의 실행방법 외에 민사집행법에서 정한 집행방법으로 채권담보권을 실행할 수 있다.

위 근거에 따라 질권자는 저당권에 대해 부기등기 및 지명채권 대항요건을 갖추기 위해 제3채무자의 승낙 또는 통지함으로써 채권담보권을 실행할 권리가 주어진다.

따라서 투자자가 질권자로 대부법인의 근저당권을 담보로 투자할 경우 대부법인에서는 질권설정계약서를 채무자에게 받아 대항요건을 갖추게 되고 부기등기를 하게 된다. 질권자가 채권의 추심을 위한 질권의 행사로 경매신청 및 배당 요청을 할 수 있게 되는 것이다.

이러한 이유로 법원에서는 배당기일에 질권자(투자자)가 배당표상의 채권자란에 질권자로 기재하고 배당금의 지급을 직접 청구하거나, 저당권자에게 배당금의 지급을 직접 청구하지 않는다면 법원은 질권설정자/(근)저당권자(대부법인)에게는 배당하지 않고 질권자(투자자)에게 배당하게 된다.

만약 부기등기만 이루어지고 제3채무자에 대한 대항요건을 갖추지 못하면 질권자는 경매신청 및 배당요구를 할 수 없게 되고 배당금은 저당권자에게 지급되어야 하는데, 이럴 경우에 질권자는 저당권자의 배당금에 대하여 압류 또는 추심명령, 전부명령을 받아야만 한다.

그러나 질권자가 부기등기만 하고 대항요건을 갖추지 못하였다고 하더라도 (근)저당권부 질권설정자인 대부법인은 아래의 근거로 저당권부채권을 목적으로 한 질권을 설정한 경우에는 채권의 추심을 위한 저당권 실행을 위해 독단적으로 경매를 신청할 수 없고, 질권자(투자자)의 동의를 얻어야만 경매를 진행할 수 있다.

> **민법 352조(질권설정자의 권리처분제한)**
> 질권설정자는 질권자의 동의 없이 질권의 목적된 권리를 소멸하게 하거나 질권자의 이익을 해하는 변경을 할 수 없다.

이렇게 부동산 등기부에 투자자의 이름이 근저당권 또는 근저당권 질권자로 등기된다는 것은 앞서 살펴본 바와 같이 해당 담보물에 대한 법적권리를 갖게 되는 것이다.

03.
통계로 보는 안정성

만약 법적인 권리를 갖췄다면 어떻게 투자금의 안정성을 확보할 수 있을까? 다음은 원금손실에 대한 Risk Management를 설명하고자 한다. GPL 투자의 원금 손실은 모두 경매 낙찰가를 통해 결정된다. 채무자가 채무이행을 하지 않아 경매로 넘어갈 경우 경매물의 낙찰가 내에서 권리 순서에 맞게 법원으로부터 배당을 받을 수 있다. 만약에 경매낙찰가가 선순위와 후순위 대출 금액을 합한 가격보다 낮다면 선순위 근저당권자에게 우선적으로 배당되고 나머지 금액을 후순위 근저당권자에게 배당하게 되어 후순위 근저당권자(투자자)는 원금 손실이 발생하게 된다.

반대로 낙찰가를 예상하여 낙찰가 범위 내로 GPL 후순위 채권에 투자하게 되면 원금을 안전하게 보장받을 수 있게 된다. 그러면 어떻게 낙찰가를 예상할 수 있을까? 아래의 표는 서울 경기 지역의 아파트 경매 낙찰가율에 대한 통계이다.

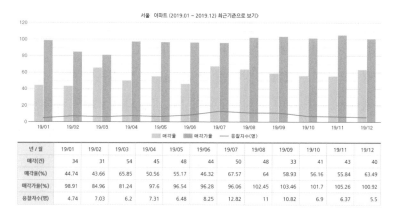

서울 아파트 (2019.01 ~ 2019.12) 최근기준으로 보기)

년 / 월	19/01	19/02	19/03	19/04	19/05	19/06	19/07	19/08	19/09	19/10	19/11	19/12
매각(건)	34	31	54	45	48	44	50	48	33	41	43	40
매각율(%)	44.74	43.66	65.85	50.56	55.17	46.32	67.57	64	58.93	56.16	55.84	63.49
매각가율(%)	98.91	84.96	81.24	97.6	96.54	96.28	96.06	102.45	103.46	101.7	105.26	100.92
응찰자수(명)	4.74	7.03	6.2	7.31	6.48	8.25	12.82	11	10.82	6.9	6.37	5.5

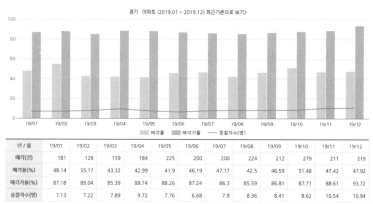

경기 아파트 (2019.01 ~ 2019.12) 최근기준으로 보기)

년 / 월	19/01	19/02	19/03	19/04	19/05	19/06	19/07	19/08	19/09	19/10	19/11	19/12
매각(건)	181	128	159	184	225	200	200	224	212	279	211	219
매각율(%)	48.14	55.17	43.32	42.99	41.9	46.19	47.17	42.5	46.59	51.48	47.42	47.92
매각가율(%)	87.18	88.04	85.39	88.74	88.26	87.24	86.3	85.59	86.81	87.71	88.61	93.72
응찰자수(명)	7.13	7.22	7.89	9.72	7.76	6.68	7.9	8.36	8.41	8.62	10.54	10.94

※ 출처: 지지옥션 통계

경매 낙찰가율		
지 역	2018	2019
서 울	105%	**97%**
경 기	92%	**88%**

위의 자료에서 보았듯이 아파트의 경매 낙찰가율은 88~105%이
다. 경매를 접해 보지 않은 사람들은 경매로 낙찰받은 집이 감정가

(매매시세)보다 많이 낮지 않다는 것에 놀랄 것이고 경매를 경험해 본 사람은 당연하다 생각할 것이다. 낙찰가가 감정가보다 높게 낙찰되는 경우도 있다. 이러한 상황은 몇 가지 경우가 있는데 예를 들어 보면 경매는 보통 경매 개시일로부터 1회 유찰되고 2회에 낙찰된다고 가정하는데 보통 6~7개월 정도 소요된다. 이때 매각 물건의 감정가는 6~7개월 전에 감정되어 공고되는데 해당 지역에서 6~7개월 동안 집값이 상승하면 실제 낙찰가는 6~7개월 전 감정된 감정가보다 높은 실거래가 형성된다. 이런 이유로 경매 시 낙찰가율이 100% 이상을 하는 경우도 볼 수 있다. 또 다른 경우는 투자자가 NPL이라는 부실채권을 이용하여 투자가가 직접입찰을 한다고 하면 100% 이상 입찰하는 경우도 있으나 이는 NPL 투자 전문서적에 잘 소개되어 있으니 관심이 있는 투자자는 따로 견문을 넓혀 두는 것도 좋을 듯하다.

필자가 여러 번 경매 입찰을 통해서도 경험했고, 낙찰가율 통계가 나타내듯 서울 수도권 물건들은 낙찰가율도 높고 입찰경쟁률도 높다. 투자자는 이렇게 경쟁률이 높고 낙찰가율도 높은 서울 수도권의 아파트들만을 담보로 GPL 투자하게 된다.

당신이 아파트 후순위 담보채권에 투자한다면 대출 한도를 경매 통계로 분석하여 선순위 원금과 내가 투자할 후순위 원금을 낙찰가율 이하로 투자하면 경매로 넘어가게 돼도 원금을 보장 받을 수 있을 것이다. 이렇게 법원 통계를 활용해 누구나 쉽게 리스크 조절이 가능하다는 것은 타 투자와 비교했을 때 매우 큰 메리트다.

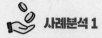

사례분석 1

경기도 남양주시 진겁읍 용정리 813-1 동성아파트 ○○○○동 ○○○○호

건물 99.06㎡(30평형) 전용 84.7㎡(26평형)

KB시세가 217,500,000원

매매가액 220,000,000~240,000,000원

1순위 대출액 110,000,000원(교보생명)

2순위 대출요청액 55,000,000원

1순위 대출이자 3.5%

2순위 대출예정이자 22%

건물 시세가 대비 대출액(LTV)

165,000,000/217,500,000=75.86%

경기도 남양주시 아파트 매각가율 86.1%

동종 아파트 매각가율 93%

실제 투자사례를 보고 확인해 보자.

KB시세가 217,500,000 1순위 대출액 110,000,000원이 교보생명로부터 선순위로 대출되어 있다. 투자자가 여기서 얼마의 투자를 해야 안전한 후순위 담보대출이 될까? 경기도 남양주시 아파트 매가가율은 평균 86.1%이고 동종 아파트 매각가율은 93%이다. 1순위 대출액, 2순위 대출액 총합이 현 기준 KB시세가 대비 93%라면 경매 통계에 따르면 원금은 안전하다고 볼 수 있다. 그러나 이는 단순한 예시였고 실제로는 1순위 대출금액에 대한 이자도 있을 것이고 1

순위 이자 또한 지속해서 연체되고 있다고 가정해, 1순위 원금에서 3.5%+3%의 지연이자, 총 6.5% 이자가 계속해서 발생할 거라고 예측하고 계산해야 한다.

(KB시세가)×(통계 매각가율)−(1순위 대출액)−(1순위 지연이자)×
(연 6.5%, 330/365 약 11개월)
217,500,000×0.93−110,000,000−110,000,000×0.065×330/365
⇒ 217,500,000×0.93−110,000,000×1.065×330/365
=96,358,561원

단순 통계로 96,358,561원을 투자 시 원금은 보상받을 수 있을 것이라 계산할 수 있다. 이는 투자원금만 보장받을 수 있는 범위를 계산한 것이고, 단순계산을 위해 경매비용은 미포함하였다.

만에 하나 채무자가 일정 기간 채무를 갚지 않아 '기한의 이익상실'로 경매를 진행해야 한다면, 동종 아파트 낙찰가율 93%보다 더욱 안전하게 해당 지역 아파트 낙찰가율 통계 86.1%를 적용하여 보수적으로 계산하면 더욱 안전한 투자가 될 것이다. 그리고 투자자 또한 경매가 진행되는 동안에도 지연이자를 받아야 하므로 해당 내용까지 포함하여 계산하면 원금 및 연체되는 동안의 이자도 안전한 범위에서 보장받을 수 있을 것이다.

1순위 지연이자는 3.5%+3%=6.5%라고 가정하고

2순위(투자금액) 지연이자는 24%

경매는 2차에 낙찰된다고 가정하여 약 11개월(330일) 소요된다고 가정한다.

$$(\text{KB시세가}) \times (\text{통계 매각가율}) \geqq (\text{1순위 대출액}) + (\text{1순위 지연이자})$$
$$+ (\text{2순위 대출액}) + (\text{2순위 지연이자})$$

위 부등식이 설립하면 되는데 여기서 우리가 구해야 할 값은 2순위 대출액 투자금액이고 아래와 같다.

$$\text{투자원금} \leq \frac{\text{KB시세가} \times \text{낙찰률} - \text{1순위원금}(1.0588)}{1 + (\text{11개월 지연이자})}$$

위와 같은 부등식이 설립하는 투자금액은 안전하게 11개월 동안의 지연이자 24%를 포함 원금까지 법원에서 배당받을 수 있다. 24%의 11개월 만기 적금인 셈이다.

투자 사례로 이 등식이 설립되는지 확인해 보자.

지연이자	24%	23%	22%	21%	20%
11개월 소요 시 지연이자	21.7%	20.8%	19.9%	19%	18.1%

$$투자원금 \leq \frac{217,500,000 \times 0.861 - 110,000,000(1.0588)}{1.217}$$

$$투자원금 \leq 58,179,057$$

　해당 부등식으로 봤을 때 필자는 58,179,057원 이하를 투자한다면 채무자가 일정 기간 채무를 갚지 않아 기한의 이익상실로 경매신청하여 11개월 뒤에 감정가 대비 86.1%로 낙찰된다고 가정해도 투자자는 법원으로부터 원금 및 연 24%의 고수익의 적금을 배당받을 수 있을 것이다.

　그럼 필자는 얼마를 투자하고 안전한 투자를 했을까?

　필자는 후순위 담보대출에 55,000,000원을 투자했고 지역 낙찰가율 86.1%에 한참 못 미치는 시세가 대비 75.86%(1순위 포함)를 대출해 줌으로써 낙찰가율보다 약 10%가 낮게 원금손실 위험을 관리한 셈이다. 여기서 동종 아파트의 낙찰가율은 93%였다는 것을 잊지 말자. 이렇듯 GPL 투자, 즉 후순위 담보대출 투자는 투자자가 투자판단의 지표로 KB시세가, 낙찰가율 등의 필요한 정보를 쉽게 파악해 이를 토대로 안전 범위를 산출하여 그 범위 내에서 투자한다면 원금과 이자를 보장 받을 수 있다고 볼 수 있다.

서울특별시 강남구 압구정동 490 영동한양1차아파트 ㅇㅇ동 ㅇㅇㅇ호

KB시세가 1,925,000,000원

매매가액 1,870,000,000~2,050,000,000원

1순위 대출액 1,350,000,000원(새마을금고)

2순위 대출요청액 286,000,000원

1순위 대출이자 3.5%

2순위 대출예정이자 17%

건물 시세가 대비 대출액(LTV)

1,636,000,000/1,925,000,000=84.98%

서울특별시 강남구 압구정동 아파트 매각가율 102.9%

동종 아파트 매각가율 102.9%

해당 투자 사례의 경우를 살펴보면

1순위 지연이자는 3.5%+3%=6.5%라고 가정하고

2순위(투자금액) 지연이자는 17%+3%=**20%**

경매는 2차에 낙찰된다고 가정하여 약 11개월(330일) 소요

지연이자	24%	23%	22%	21%	**20%**
11개월 소요 시 지연이자	21.7%	20.8%	19.9%	19%	**18.1%**

$$\text{투자원금} \leq \frac{\text{KB시세가} \times \text{낙찰률} - \text{1순위원금}(1.0588)}{1 + (11\text{개월 지연이자})}$$

$$\text{투자원금} \leq \frac{1,925,000,000 \times 1.029 - 1,350,000,000(1.0588)}{1.181}$$

해당 부등식으로 봤을 때 투자자는 466,930,567원 이하를 투자한다면 채무자가 일정 기간 채무를 갚지 않아 기한의 이익상실로 경매 신청하여 11개월 뒤에 감정가 대비 102.9%로 낙찰된다고 가정해도 투자자는 법원으로부터 원금 및 연 20%의 고수익의 적금을 배당받을 수 있을 것이다. 실제로 해당 투자의 경우 286,000,000원의 투자금을 투자해 경매 통계상 안전한 범위의 금액대비 61% 금액을 투자함으로써 안전한 투자가 되었다고 볼 수 있다.

 사례분석 3

경기 고양시 일산동구 식사동 1510 위시티블루밍3단지 ○○○동 ○○○호

KB시세가 565,000,000원

매매가액 530,000,000~590,000,000원

1순위 대출액 388,000,000원(신한은행)

2순위 대출요청액 40,000,000원

1순위 대출이자 3.5%

2순위 대출예정이자 22%

건물 시세가 대비 대출액(LTV)

428,000,000/567,500,000=75.41%

경기 고양시 일산동구 식사동 아파트 매각가율 86.4%

동종 아파트 매각가율 96%

해당 투자 사례의 경우를 살펴보면

1순위 지연이자는 3.5%+3%=6.5%라고 가정하고

2순위(투자금액) 지연이자는 24%

경매는 2차에 낙찰된다고 가정하여 약 11개월(330일) 소요

지연이자	24%	23%	22%	21%	20%
11개월 소요 시 지연이자	21.7%	20.8%	19.9%	19%	18.1%

$$투자원금 \leq \frac{KB시세가 \times 낙찰률 - 1순위원금(1.0588)}{1+(11개월\ 지연이자)}$$

$$투자원금 \leq \frac{565,000,000 \times 0.864 - 388,000,000(1.0588)}{1.217}$$

해당 부등식으로 봤을 때 필자는 63,554,313원 이하를 투자한다면 채무자가 일정 기간 채무를 갚지 않아 기한의 이익상실로 경매신청하여 11개월 뒤에 감정가 대비 86%로 낙찰된다고 가정해도 투자자는 법원으로부터 원금 및 연 24%의 고수익의 적금을 받을 것이다. 실제로 해당 투자의 경우 40,000,000원의 투자금을 투자해 경매 통

계상 안전한 범위의 금액대비 63% 금액을 투자함으로써 안전한 투자가 되었다고 볼 수 있다.

04.
GPL의 환금성

흔히 투자의 3요소로 안전성, 수익성, 환금성을 이야기한다. 앞서 안전성과 수익성은 충분히 살펴보았고 마지막 요소인 환금성은 어떨까? 투자자가 투자 중에 갑자기 급하게 돈을 사용할 경우가 생겼을 때 현금화할 수 있을까? 그 정답은 할 수 있고 매우 환금성이 뛰어나다. 투자자가 투자한 채권은 개인 간 거래가 가능하기 때문이다.

처음 투자자가 GPL 후순위 담보채권을 투자할 때 대부법인에 4.5% 수수료를 내게 된다. 4.5% 수수료 중 3%는 대부중개업자들에게 주는 수수료이다. 중개업자가 채무자에게 수수료를 요구하는 것은 불법이라 모집인의 수수료는 채권자가 지급하도록 되어 있는데 이때 3% 이내의 수수료가 업계의 룰이다. 이 외의 1.5%의 수수료는 채권추심업무 및 채권관리 업무로 대부법인에게 제공하는 수수료이다.

투자자는 후순위 담보대출 투자 이후 월 이자로 초기 지출된 4.5%의 수수료를 충당하기까지 약 2.5~3개월이 걸린다. 엄밀히 말해서 2.5~3개월 이후부터 수익 구간인 셈이다.

후순위 담보채권을 투자하는 투자자들이 생각보다 많은데 대부법인에서는 그 투자자들을 연결할 수 있다. 만약 투자자가 수익 구간에 도달하기(2.5~3개월) 이전에 환금하려 한다면, 처음 낸 4.5% 수수료에서 투자자가 투자한 기간 받은 이자를 뺀 금액을 다른 투자자에게 받고 양도하면 된다. 그럼 투자자는 수수료+원금을 포함 환금하는 것이어서 손해는 없다. 다른 투자자는 원래 처음 4.5% 수수료를 내고 투자를 해 2.5~3개월 뒤부터 수익 구간에 이르는데 수수료도 적게 내고 빠르게 수익 구간에 접어들어 서로가 이득인 셈이다.

투자자가 수익 구간(2.5~3개월) 이후에 환금하려 한다면 다른 투자자는 초기 투자자의 채무상환 조건을 그대로 승계해 수수료를 내지 않고 남은 기간 이자수익을 얻는다. 초기 투자자는 바로 환금을 할 수 있어서, 다른 투자자는 적은 수수료가 들어 양자가 모두 이득이다.

PART 04

경매의 두려움을
없애라

01.

경매

경매를 접하지 않은 대부분의 사람들은 경매라는 단어에 텔레비전 속 비슷한 장면을 머릿속에 떠올릴 것이다. 빨간 딱지가 붙어 있는 집에 집주인은 억울하고 서글픈 드라마의 주인공이고 낙찰자는 매정하고 욕심이 많고 폭력적인 인물로, 억울하고 서글픈 채무자와 낙찰자 간에 대립하고 있는 장면이다. 많은 사람과 이야기해 보았을 때 실제 경매라는 것을 부정적으로 바라보는 사람들이 많이 있다.

하지만 경매는 채무자가 채권자(금융권 또는 개인)에게 돈을 빌리고 갚지 않았을 때 법원이 채무자의 재산(부동산)을 처분하여 채권자들에게 돈을 배당하는 국가 기관인 법원에서 시행하는 법적 제도이다. 이로써 개인 채권자일 경우 억울함을 해결하고, 생활안정, 경제적인 안정을 보장하게 하고 금융권이 채권자일 경우에는 금융기관의 자금흐름을 원활하게 해 국가를 경제적으로 튼튼하게 하는 것이다.

GPL 투자자의 경우 투자 이후 채무자가 돈을 갚지 않으면 국가 기관인 법원에게 경매로 담보물을 처분해 채권자에게 돈을 돌려달라고 해야 한다. 그래서 GPL 투자자는 경매를 이해해야 하고 배당 및 우선순위에 대해서는 꼭 알아야 한다.

경매에는 임의경매, 강제경매 두 개의 경매가 있다. 담보가 없는 채권의 경우 빌려 간 돈을 돌려달라고 하는 소송인 대여금반환청구 소송을 하게 된다. 이 과정에서 보통 대여금반환청구 소송을 진행하기 전 채무자가 갖고 있는 재산(부동산)에 대해 처분하지 못하도록 해당 재산에 가압류를 설정하고, 소송에서 승소할 경우 재산 압류 통해 경매를 신청할 수 있는데 이때의 경매를 강제경매라고 한다.

임의경매는 담보채권자가((근)저당권자) 소송 없이 해당 부동산에 물권(부동산에 대한 권리)을 갖고 있으므로 경매를 신청할 수 있으며 이를 임의경매라고 한다. 우리는 아파트를 담보로 하는 물권자, 즉 근저당권자이므로 경매를 진행하게 된다면 임의경매를 신청하게 되는 것이다.

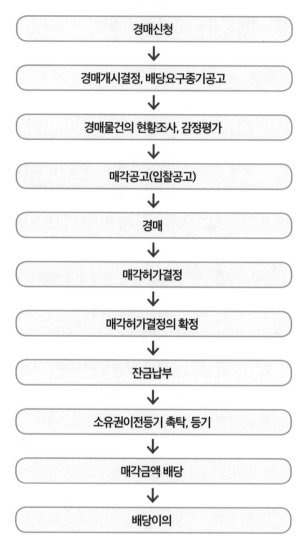

경매절차

경매신청
↓
경매개시결정, 배당요구종기공고
↓
경매물건의 현황조사, 감정평가
↓
매각공고(입찰공고)
↓
경매
↓
매각허가결정
↓
매각허가결정의 확정
↓
잔금납부
↓
소유권이전등기 촉탁, 등기
↓
매각금액 배당
↓
배당이의

　이러한 여러 과정 중 GPL 투자자라면 최소한 알고 넘어가야 할 부분들에 대해서 알아보고자 한다.

02.

법원배당

경매를 통해 법원배당을 받을 때 어떻게 배당받을 수 있는지, GPL 후순위 담보채권에 투자하는 투자자 관점에서 알아야 할 기본적인 개념과 고려해야 할 부분만 간략하게 확인해 보자.

법원배당이란 법원에서 경매를 통해 부동산을 매각하여 채권자들 권리순위에 따라 매각금액을 나누어 주는 것이다. 만약 매각금액이 채권총액보다 많으면 문제가 되지 않으나. 매각대금액이 채권총액보다 작으면 배당순서와 배당 유무가 매우 중요하다.

배당에는 3원칙 있는데, 시간 우선 원칙, 물권 우선의 원칙. 특별법 우선의 원칙이 있다.

1. 시간 우선 원칙

시간 우선 원칙은 간단하게 시간에서 앞선 사람은 권리에서도 앞선다는 내용이다. 즉, 시간이 앞서 형성된 권리가 그 이후 형성된 권리보다 앞선다는 것이다. 이러한 시간 우선주의가 적용되기 위해서는 등기를 해야 한다.

물권만 시간 우선의 원칙이 적용되며, 일반채권(신용대출처럼 담보물을 설정하지 않고 발생한 금전채권으로 인한 가압류 또는 압류 등기 등등)의 경우 채권자평등원칙이 적용되어 안분배당되니 참고하자.

2. 물권 우선의 원칙

쉽게 부동산에 대한 권리(물권)가 우선한다는 내용이며, (근)저당권 설정자가 물권자이다. 물권은 특정·독립된 물건을 직접 지배해서 이익을 얻는 배타적이고 절대적인 권리로서 일반채권보다 훨씬 더 강력한 권리이다.

3. 특별법 우선 원칙

노동관계법, 주택임대차보호법, 상가건물 임대차보호법이 민법보다 우선 적용돼 최우선으로 변제받을 수 있다.

배당 방법에는 순위배당. 안분배당, 흡수배당, 안분흡수배당, 순환배당 방법이 있다. 순위배당이 기본적인 배당방법이고 안분흡수배당 순환배당은 예외적인 순위가 발생할 때 적용하는 방법이다.

순위배당은 시간원칙에 의거 순서대로 등기상에 등기된 순서에 따라 배당을 설정한다. 순위배당은 최우선배당, 우선배당, 일반배당 순으로 각 권리의 우열관계에 따라 배당을 한다.

최우선배당은 주택·상가건물 임대차보호법 소액 임차인의 소액보증과 근로기준법상 임금채권자의 일정한 급액 퇴직금 등에 대하여 우선 특권으로 최우선배당을 한다.

우선배당은 담보물권 또는 채권자 사이의 담보 물권성을 띤 확정일자부 임차권과 국세지방세 등 체납압류 채권자 사이의 성립순에 의한 배당관계에 따라 배낭하는 것이나. GPL 투자자들이 경매 진행 시 보통 순위배당의 일반배당을 통해 배당받는다.

담보물권, 확정일자부임차권, 당해세를 제외한 조세 사이의 우열관계는 그 성립시점을 기준으로 하여 우선배당하게 된다.
일반배당은 민사집행법상 일반 채권자들 사이의 배당관계에서 채권자평등배당, 즉 안분배당을 통해 배당한다.

배당순위

안분배당, 흡수배당, 안분흡수배당 순환배당의 경우 우선순위가 같거나 순위들이 순환되어 엇갈릴 때 해당하는데 이렇게 복잡한 배당절차가 예상되는 담보물은 근본적으로 한도가 나오지 않아 대출이 불가하고, 대부법인도 투자자들에게 투자제안을 하지 않는다.

배당순위는 다음과 같다.

순위	내용	관련 법
1	경매집행비용	• 민사집행법 53조
2	저당물의 제3 취득자가 그 부동산의 개량을 위하여 지출한 필요비, 유익비 채권	• 민법 제367조
3	소액임차보증금 채권, 최근 3개월 임금 및 최종 3년간의 퇴직금, 재해보상금 채권(소액 임차인. 임금채권, 재해보상금채권)	• 근로기준법 38조 2항 • 근로자퇴직급여 보장법 제12조 • 주택임대차보호법 제3조의 2
4	당해세: 국세(상속세, 증여세, 종합부동산세), 지방세(재산세)	• 국세기본법 35조 1항5호 • 지방세기본법 71조 1항 4,5호 • 취득세와 등록세는 당해세가 아님
5	**국세 및 지방세의 법정 기일 전에 설정 등기된 저당권**, 저당권에 의하여 담보되는 채권, 확정일자를 갖춘 주택 및 상가건물의 임차보증금 채권	• 주택임대차보호법 3조의 22항 • 상가건물 임대차보호법 5조2 항
6	근로기준법 38조 2항의 임금 등을 제외한 임금 등은 제외한 임금 기타 근로관계로 인한 채권	• 근로기준법 38조 2항
7	국세 지방세 및 이에 관한 체납처분비, 가산금 등의 징수금	
8	산업재해보상보험료, 국민건강보험료, 국민연금보험료, 고용보험료, 의료보험료, 국민의료보험료	
9	일반채권	

제53조(집행비용의 부담)

① 강제집행에 필요한 비용은 채무자가 부담하고 그 집행에 의하여 우선적으로 변상을 받는다.

② 강제집행의 기초가 된 판결이 파기된 때에는 채권자는 제1항의 비용을 채무자에게 변상하여야 한다.

제367조(제삼취득자의 비용상환청구권)

저당물의 제삼취득자가 그 부동산의 보존, 개량을 위하여 필요비 또는 유익비를 지출한 때에는 제203조제1항, 제2항의 규정에 의하여 저당물의 경매대가에서 우선상환을 받을 수 있다.

근로기준법 제38조(임금채권의 우선변제)

① 임금, 재해보상금, 그 밖에 근로 관계로 인한 채권은 사용자의 총재산에 대하여 질권(質權)·저당권 또는 「동산·채권 등의 담보에 관한 법률」에 따른 담보권에 따라 담보된 채권 외에는 조세·공과금 및 다른 채권에 우선하여 변제되어야 한다. 다만, 질권·저당권 또는 「동산·채권 등의 담보에 관한 법률」에 따른 담보권에 우선하는 조세·공과금에 대하여는 그러하지 아니하다. 〈개정 2010. 6. 10.〉

② 제1항에도 불구하고 다음 각 호의 어느 하나에 해당하는 채권은 사용자의 총재산에 대하여 질권·저당권 또는 「동산·채권 등의 담보에 관한 법률」에 따른 담보권에 따라 담보된 채권, 조세·공과금 및 다른 채권에 우선하여 변제되어야 한다. 〈개정 2010. 6. 10.〉

1. 최종 3개월분의 임금

2. 재해보상금

근로자 퇴직급여 보장법 제12조(퇴직급여등의 우선변제)

① 사용자에게 지급의무가 있는 퇴직금, 제15조에 따른 확정급여형퇴직연금제도의 급여, 제20조제3항에 따른 확정기여형퇴직연금제도의 부담금 중 미납입 부담금 및 미납입 부담금에 대한 지연이자, 제25조제2항제4호에 따른 개인형퇴직연금제도의 부담금 중 미납입 부담금 및 미납입 부담금에 대한 지연이자(이하 '퇴직급여등'이라고 한다)는 사용자의 총재산에 대하여 질권 또는 저당권에 의하여 담보된 채권을 제외하고는 조세·공과금 및 다른 채권에 우선하여 변제되어야 한다. 다만, 질권 또는 저당권에 우선하는 조세·공과금에 대하여는 그러하지 아니하다.

② 제1항에도 불구하고 최종 3년간의 퇴직급여등은 사용자의 총재산에 대하여 질권 또는 저당권에 의하여 담보된 채권, 조세·공과금 및 다른 채권에 우선하여 변제되어야 한다.

③ 퇴직급여등 중 퇴직금, 제15조에 따른 확정급여형퇴직연금제도의 급여는 계속근로기간 1년에 대하여 30일분의 평균임금으로 계산한 금액으로 한다.

④ 퇴직급여등 중 제20조제1항에 따른 확정기여형퇴직연금제도의 부담금 및 제25조제2항제2호에 따른 개인형퇴직연금제도의 부담금은 가입자의 연간 임금총액의 12분의 1에 해당하는 금액으로 계산한 금액으로 한다.

국세기본법 제35조(국세의 우선)

① 국세 및 체납처분비는 다른 공과금이나 그 밖의 채권에 우선하여 징수한다. 다만, 다음 각 호의 어느 하나에 해당하는 공과금이나 그 밖의 채권에 대해서는 그러하지 아니하다.

　4.「주택임대차보호법」제8조 또는 「상가건물 임대차보호법」제14조가 적용되는 임대차관계에 있는 주택 또는 건물을 매각할 때 그 매각금액 중에서 국세를 징수하는 경우 임대차에 관한 보증금 중 일정 금액으로서

「주택임대차보호법」 제8조 또는 「상가건물 임대차보호법」 제14조에 따라 임차인이 우선하여 변제받을 수 있는 금액에 관한 채권

5. 사용자의 재산을 매각하거나 추심(推尋)할 때 그 매각금액 또는 추심금액 중에서 국세를 징수하는 경우에 「근로기준법」 제38조 또는 「근로자퇴직급여 보장법」 제12조에 따라 국세에 우선하여 변제되는 임금, 퇴직금, 재해보상금, 그 밖에 근로관계로 인한 채권

제71조(지방세의 우선 징수)

① 지방자치단체의 징수금은 다른 공과금과 그 밖의 채권에 우선하여 징수한다. 다만, 다음 각 호의 어느 하나에 해당하는 공과금과 그 밖의 채권에 대해서는 우선 징수하지 아니한다.

4. 「주택임대차보호법」 제8조 또는 「상가건물 임대차보호법」 제14조가 적용되는 임대차관계에 있는 주택 또는 건물을 매각하여 그 매각금액에서 지방세와 가산금을 징수하는 경우에는 임대차에 관한 보증금 중 일정액으로서 각 규정에 따라 임차인이 우선하여 변제받을 수 있는 금액에 관한 채권

5. 사용자의 재산을 매각하거나 추심하여 그 매각금액 또는 추심금액에서 지방세와 가산금을 징수하는 경우에는 「근로기준법」 제38조제2항 및 「근로자퇴직급여 보장법」 제12조제2항에 따라 지방세와 가산금에 우선하여 변제되는 임금, 퇴직금, 재해보상금

그러면 투자자가 원금을 보장받기 위해 아파트에 법적으로 등기하는 (근)저당권의 배당순위는 몇 위일까?

5순위이다. 이 순위가 낮아 보일지 모르지만 경매 대부분 5순위에 있는 채권들 간 우선순위를 정해 배당이 이루어진다.

1순위 경매 집행비용은 법원이 경매진행을 위해 들어가는 행정 비용으로 그 금액은 매각되는 금액에 따라 다르겠지만 상대적으로 매각가에 비하면 소액이다. 대략 1억 원 기준 200만 원, 5억 원 기준 400만 원, 10억 원 기준 500만 원의 비용이 든다.

※ TIP. 집행비용계산은 법원경매 사이트(https://www.courtauction.go.kr/)에서 확인

2, 3, 4순위는 우리가 사전에 검토하고 예상할 수 있다.

그 방법을 살펴보자 2순위는 제3취득자 즉 전세권자, 임차인이 부동산의 개량을 위해서 지출한 필요비, 유익비에 관한 채권인데 이는 인테리어비 수리비 등이 될 것이다. 인테리어 또는 수리 후 집주인에게 해당 비용을 받아야 하는데 못 받을 경우에 생기는 채권이라 이해하면 될 것이다. 이같이 필요비, 유익비를 우선 지불하는 이유는 물건의 매매가 상승요인 또는 보존요인이 되기 때문이다. 그런데 이런 문제는 간단히 전세권자, 임차인 없으면 간단히 제외될 수 있는 요인이다.

대부법인에서는 이러한 우선변제금을 막기 위해 채무자 아파트에 같이 사는 구성원들을 전입세대 열람확인원으로 확인하고 임차인의 존재할 가능성이 있는지 확인한다. 그리고 임차관계가 아니라면 무상임차인에게 무상임대차 확인서를 받는다.

3순위에 해당하는 소액임차보증금 채권, 최근 3개월 임금 및 최종 3년간의 퇴직금의 임금채권, 재해보상금 채권을 배제하기 위한 방법을 살펴보자. 먼저 소액임차보증금 채권의 경우 2순위 배제방법과 동일하다. 임금채권 일부액(최근 3개월 임금 및 최종 3년간의 퇴직금), 재해보상금(채무자가 고용인으로 피고용인이 산업재해 등으로 인해 피해보상을 지불해야 할 금액) 채권일 경우 채무자의 직장을 확인하는 방법으로 채무자에게 재직증명서를 확인하거나 직업을 확인함으로써 채무자가 사업자인지 확인하고 고용인으로서 임금채권이 발생할 수 있는 상황이 있는지 판단하여 투자자가 투자를 고려할 수 있다.

　4순위 당해세는 상속세, 증여세 자산재평가세, 종합부동산세, 지방세 중 재산세를 말한다. 당해세의 경우 해당 부동산 소유자가 납세의무자로서 해당 부동산에 부과된 세금이라는 요건이 충족되어야 하며, 당해세의 종류가 한정되고 요건이 까다로워 실제 경매에서 당해세는 거의 없고 있더라도 소액인 경우가 많다. 그러나 당해세가 상속세나 증여세인 경우에는 그 금액이 큰 경우가 있어 주의가 요구된다. 만약 담보권설정 후에 상속 또는 증여되어 상속세나 증여세가 부과되는 경우에는 대법원 판례 및 헌법재판소의 결정에 의해 당해세로 보지 않는다. 그럼 이런 당해세는 어떻게 투자자가 확인하고 배제할 수 있을까? 바로, 차입자가 미납 세금이 있는지 확인할 수 있는 국세납부증명원, 지방세납부증명원, 지방세세 목별과세 증명원, 사실증명원(당해세 체납여부확인) 발급을 통해 미납된 당해세 및 다른 세금이 있는지 확인하여 배제한다.

　위와 같이 배당방법의 종류는 다양하고 복잡하게 얽혀 있다. 하지만 담보채권을 투자하는 투자자는 이렇게 복잡하게 얽혀 있는 물건에 대해서는 투자하지 않으면 되고, 업체는 투자제의 자체를 하지 않는다. 따라서 권리분석이 용이하고 등기부등본상 권리관계가 복잡하지 않은 물건들만 투자하면 되는 것이다. 즉 투자자 입장에서는 등기부등본상 물권의 권리관계로 (근)저당권 권리에 대해서 순위 배당방

법만 적용해 등기된 시간에 의한 순서대로 배당받을 수 있는 물건에
대해서만 투자하면 되는 것이다.

03.
경매신청부터 배당일까지 소요기간

채무자의 채무불이행으로 기한의 이익상실이 발생해 GPL 투자자가 채권자로 경매신청을 법원에 하면 법원은 2일 내에 경매개시결정을 내린다. 이에 법원은 경매 등기를 촉탁하는 즉시 경매개시결정 사실을 채무자에게 송달한다. 이후 법원은 경매개시결정일로부터 3일 내에 부동산에 대한 현황조사명령과 부동산에 대한 평가명령을 내리고, 배당요구종기를 결정해 이해관계인들에게 고지한다.

최초매각기일은 채권자의 경매신청으로부터 최초매각기일까지 대략 4개월 내지 5개월 정도가 소요된다. 최초매각기일에 매각이 된다는 가정했을 때 매각일로부터 2주일 내로 매각이 확정된다. 매각이 확정되면 비로소 대금지급기한이 지정되고 통지되는데 대금지급기한은 보통 1개월 내로 정해진다. 매수인이 대금을 완납하면 그로부터 4주 내로 배당기일이 지정되고 그 배당기일에 각 채권자에게 배당이 실시된다.

따라서 경매신청에서부터 최초매각기일까지가 4개월 내지 5개월, 이후 2주간의 기간이 지난 후에 대금납부까지 1개월 배당까지 1개월의 기간이 소요되므로 투자자가 경매를 신청해서 배당받기까지 유찰 없이 진행이 된다면 7개월 내지 8개월이 걸린다.

그러나 위와 같이 최초매각기일에 매각이 될 가능성이 많지 않고 경매기간이 변동될 수 있는 여러 가지 변수들이 있지만, GPL 투자자들이 투자하는 서울 수도권의 아파트 경우 보통 1회 유찰되어 2회째에 낙찰된다. 이 경우를 가정하면 약 8~9개월 정도 소요된다. 이 경우 GPL 투자자가 이자가 3개월 연체되어 기한의 이익상실로 경매신청한다고 하면 총 11개월에서 12개월 정도 소요될 것으로 가정할 수 있다.

아래는 지지옥션에서 2005년부터 2015년까지 법원 경매를 통해 종결된 사건 116만 3,740건의 빅데이터를 기반으로 작성한 기사를 참고한 내용이다. 지지옥션 분석에 따르면 정상적으로 배당 종결된 사건의 경우 경매 개시 결정부터 종결 때까지 평균 412일이 소요되는 것으로 나타났다.

구체적으로 소요기간을 살펴보면 감정평가, 현황조사, 송달, 신문공고 등 매각 준비를 하는 기간인 경매개시일부터 첫 경매일까지 228일(7개월 18일)이 걸리는 것으로 나왔고, 그 이후 낙찰까지 약 100일이 걸렸으며 이는 평균유찰 횟수로 2.28회 정도로 나타났다.

낙찰 이후 배당이 끝나는 날까지 평균 84일이나 소요되는 것으로 나타났는데 채권자인 경우 낙찰된 이후 배당(채권회수)까지 평균 2개월 이상 걸리는 것을 알 수 있다.

해당 데이터를 통해 경매부터 배당일까지 소요되는 기간은 이자미 납시점 3개월+경매개시일부터 첫 경매일까지 약 7.5개월+이후 낙찰까지 3.3개월+이후 배당까지 2.5개월 총 16.3개월이 걸린다고 볼 수 있다. 하지만 이는 전 용도, 전 지역의 데이터를 기반하여 산출한 결괏값이므로 서울 경기 수도권 아파트만 담보로 하는 GPL 투자자의 입장에서는 참고만 하면 된다.

04.

상계

투자자(채권자)가 만약 방어입찰 등 경매 직접입찰을 통할 경우에 상계 신청을 할 수 있다. 경매에서 상계는 채권자와 낙찰자가 동일할 경우에 가능하고 상계를 통해 채권자로서 배당받을 돈과 낙찰자로 줄 돈을 상쇄시킬 수 있다.

채권상계는 경매 낙찰 후 매각허가기일 이전에 신청해야 하는데 낙찰 후 7일 안에 신청해야 하므로 시기를 놓치면 안 된다.

이러한 상계가 가능한 이유는 민사집행법 제143조(특별한 지급방법) "② 채권자가 매수인인 경우에는 매각결정기일이 끝날 때까지 법원에 신고하고 배당받아야 할 금액을 제외한 대금 배당기일에 낼 수 있다"를 근거로 한다.

여기에서 배당받아야 할 금액을 제외한 대금을 배당기일에 낼 수 있다고 하였는데, 이 문구의 의미는 채권자가 배당요구한 채권의 금액이 아니라, 채권자이자 낙찰자가 배당순위에 따라 배당일에 실제로 받을 수 있는 금액을 의미함을 정확하게 이해해야 한다.

추가로 투자자가 상계 시 주의해야 할 점이 있는데 제143조(특별한 지급방법)을 3항이 그 내용이다.

> ③ 매수인이 인수한 채무나 배당받아야 할 금액에 대하여 이의가 제기된 때에는 매수인은 배당기일이 끝날 때까지 이에 해당하는 대금을 내야 한다.

채권자들 중 이의제기가 있으면 낙찰자(채권자)가 상계 신청을 할 수 없으며, 이때 배당기일이 끝날 때까지 매각대금 전액을 납부해야 한다는 뜻이다.

처음부터 낙찰자가 상계처리를 할 목적으로 매각대금 전액을 준비하지 못한 상황에서 이의제기로 상계처리가 불가능한 경우가 있다. 이러한 경우 낙찰자가 매각대금 전액을 납부기일 내에 납부하지 않는다면 매각허가결정 취소로 경매입찰 보증금이 몰수된다. 그러나 채권자는 배당받을 우선 순위자일 경우 몰수된 계약금이 배당처리된다.

투자자는 채권자이며 입찰자로서 경매 낙찰 후 경매 매각대금을 지불해야 한다면, 굳이 법원에게 돈을 주거니 받거니 하는 것은 불필요 할 것이다. 내가 내야 할 돈 중에서 내가 받을 돈만큼을 빼달라고 신청하는 것이 상계이며, 투자자가 상계 신청을 하는 이유는 가능한 자금 동원을 적게하고 투자효과를 극대화하기 위함이다.

PART 05

NPL은
무엇인가?

01.

NPL

NPL은 non-performing loan의 약자로 부실채권을 이야기한다. NPL 태생부터 살펴보면 1998년 IMF 시절 기아그룹, 쌍방울 등 대기업들이 하나같이 부도가 나고, 부실 종합금융사의 영업정지를 시작으로 여러 은행들이 파산하게 된다. 이 과정에서 금융기관들이 보유하고 있던 거액의 부실채권은 기하급수적으로 증가하는데, 정부에서는 금융기관들의 구조조정을 위해 자산관리공사의 부실채권정리기금를 사용해 금융기관의 부실채권을 매입하게 되고 정부에서는 해당 부실채권들을 외국계 펀드회사에 헐값으로 매각하게 된다. 이때 매각가는 담보부 채권의 경우 실제 원금의 45% 무담보부 채권의 경우 3%의 값으로 매각했다. 이러한 부실채권을 매입한 펀드 회사는 법원 경매를 통해 막대한 수익을 남기거나 다시 개인 투자자들에게 매각하여 수익을 창출하게 되었고 이게 대한민국 투자자들이 부실채권에 대해 관심을 갖고 투자를 시작하는 계기가 되었다.

NPL은 채무자와 채권자 간 금전거래가 이루어진 이후 채무자가 채무이행을 3개월 이상 하지 않으면 부실채권 NPL이라고 한다. 주택담보대출, 카드 대출, 통신 요금, 외상값을 연체해도 다 부실채권이다. 이러한 부실채권을 회수하는 방법으로 법적절차 중 하나가 경매인 것이다. 그리고 이러한 부실채권들은 거래할 수 있다.

실제로 은행이나 금융기관은 국제결제은행(BIS)이 규정한 8% 이상의 자기자본 비율을 맞춰야 한다. 이것이 NPL을 매각하는 이유로 금융기관이나 은행이 자산 건전성 기준을 맞추기 위함이다. 만약 연체이자가 높아지면 위험가중자산이 높아지게 되는데 이 비율을 맞추기 어렵게 되고, 이런 경우 경영악화는 물론 은행의 신용도가 떨어져 금융감독의 여러 제재가 가해져 운영에 어려움을 겪게 된다. 또한 이러한 상황이 계속되어 은행의 고객들이 은행 건전성에 문제가 있다고 비관적으로 인식하게 되면 그동안 저축한 돈을 인출하려는 생각을 갖게 된다. 이렇게 되면 예금으로 다양한 금융활동을 하고 거기서 수익을 창출하는 은행 입장에서 당장 돌려줄 돈이 바닥나는 패닉 현상에 닥치게 될 수 있다. 그래서 은행은 부실채권이 발생하게 되면 매각을 통한 자산 건전성을 유지한다.

NPL을 이해하기 위해 금융시장의 흐름을 알아야 하는데 한 예를 들어서 설명해 보자.

A가 B 은행에서 사업자금 용도로 2억 가치의 아파트를 담보로 1억

원을 빌렸다. 1억 원을 빌리는 대가로 연 3%의 이자를 내야 했다. 하지만 연체이자는 24%에 달했다.

은행은 돈을 빌려주고 담보 아파트에 대해 권리를 등기하기 위해 근저당권을 설정하고 미래에 채권자가 갚아야 할 금액을 고려 원금의 120%를 설정하여 채권최고액 1.2억 원을 설정하였다.

사업이 잘 풀려 승승장구하던 A는 갑작스러운 경제위기로 사업이 어렵게 되어 이자도 갚기가 힘들어졌다. 이자는 3개월 동안 미납이 되었고 기한의 이익상실로 B 은행은 고민에 빠진다.

'경매를 신청해 경매가 진행되는 동안 연체이자 24%를 적용하고 낙찰되기까지 기다려 배당을 받아 이익을 얻을지 아니면 손실을 보더라도 원금보다 낮은 가격으로 부실채권을 빠르게 매각해 은행의 자산 건전성을 유지할 것인가?'이다.

단순하게 생각했을 때는 당연히 시간이 걸리더라도 24% 이자를 받는 게 좋을 것이다.

하지만 B 은행으로서는 경매진행 동안의 인건비용과 시간소요를 고려한다. 또한 단 한 건의 채권일 때는 문제없지만 여러 개의 부실채권이 있는 은행의 경우 자산 흐름 원활하지 못해지고 은행 자산 건전성에 타격을 입어 은행운영에 어려움을 겪을 것으로 판단하고 부실채권을 매도하기로 한다.

B 은행은 이 부실채권을 매도하고 싶어 한다. 또 은행은 고민한다. 원금 1억을 받을 권리가 있는 채권인데, B 은행에 이러한 부실채권 들이 많아 빠르게 처리하고 싶다. 그리고 이러한 부실채권들은 다른 은행에도 많다. 그럼 채권자인 B 은행은 판매하려는 부실채권에 경쟁력을 부여하고 채권 매입자들이 빠르게 매입해 갈 수 있게 부실채권을 할인하여 판매하기로 한다.

여기서 C NPL 투자자가 나타나 1억 원을 받을 권리가 있는 부실채권을 7천만 원에 매입해간다. 그러면서 C는 B 은행에서 매입한 근저당권을 담보로 삼고 연 6.5%로 7천만 원의 90% 대출을 받는다.

C 투자자는 여기서 3천만 원의 이익을 미리 확보한 부실채권을 본인자금 단돈 700만 원(대출금을 제외한 7천만 원의 10%)으로 투자하고, 더불어 경매가 진행되는 동안의 부실채권의 원금인 1억 원에 대해 24%의 높은 이자를 쌓아 간다.

C 투자자는 경매가 진행되는 동안 부실채권은 연체이자가 적용돼 24%의 이자를 적용하고 채권 최고한도액인 1.2억 원 이내로 원금+이자를 받을 수 있다. 그럼 부실채권 원금에 이자가 붙어나 1.2억 원이 되는 시점이 다다르면 C 투자자는 '부실채권을 어떻게 처리할까?' 하는 고민에 빠지게 된다. 법원 경매를 통해 배당받아 1.2억 원을 배

당받아 5천만 원의 수익을 낼 것인지 아니면 직접입찰을 통해 아파트를 매입해 아파트 가치가 상승한 이후 매각할지 말이다.

　여기서 C 투자자는 아파트 지역에 향후 호재가 있는 정보를 파악하고 아파트를 직접 낙찰받기 위해 경매에 참여하기로 하였다. 하지만 아파트 경매는 경쟁이 치열하다. C 투자자는 꼭 낙찰을 받고 싶어 다른 입찰자들은 감히 쓸 수 없는 아파트 감정가 2억 원에 100%인 2억 원에 경매 입찰해 남들보다 수월하게 낙찰받았다.

　왜 C 투자자는 경매에서 감정가 2억 원의 집을 2억 원에 낙찰받았을까? C 투자자는 법원에 낙찰금액을 내야 하는데 이때 1.2억 원을 법원에서 배당받는 근저당권자이기도 해 2억 원에서 1.2억 원을 제외한 8천만 원만 법원에 내면 됐기 때문이다. 이렇게 이미 C 투자자는 5천만 원의 이익을 가지고 경매에 입찰을 시작했고 남들보다 경쟁력이 높은 입찰가 2억 원을 써내며 자기투자금 1.5억 원으로 낙찰받을 수 있던 것이다. 이렇게 낙찰받은 아파트 가격은 호재에 1년 만에 3억 원으로 상승하여 3억 원에 매매하였다. 이와 같은 이야기는 모두 시나리오에 불과하지만 현실에서 이루어지고 있는 실제 투자기법이고, 이미 이 투자는 많이 이루어지고 있다. 여기서 투자자들이 짚고 넘어가야 할 점은 이렇게 놀라운 부실채권을 매입하는데 투자자는 본인자금 700만 원만 투자했다는 것이다. 거기에 더해 경매와는 달리 부실채권은 세금 혜택까지 주어져 비과세이다. 이렇듯 NPL(부실채권)은 매우 놀라운 수익을 가져다주는 시장이며, NPL 투자자는 경매시장에서 남들보다 우월한 위치에서 경매에 임할 수 있는 발판을 갖고 시작하는 셈이다.

　예시를 통해 NPL 발생부터, 은행에서 부실채권을 매각하는 이유, NPL 여러 투자 방법 중 몇 가지를 간단히 살펴보았다.

　이런 부실채권 투자의 장점에는 첫째, NPL 배당이나 재매각 시 취득세, 보유세와 양도세가 없다. 둘째, NPL 투자자가 낙찰 확률이 높다. 셋째, 원금을 보장받을 확률이 높으며 리스크가 적다. 이는 적합한 권리분석이 가능할 때, 리스크를 최소화할 수 있다. 넷째, 채권서류의 직접 확인이 가능하다. 이를 통해 경매 입찰자들이 알지 못하는 세부적인 내용을 알 수 있어 경매 신행 시 우월한 입지를 확보할 수 있다. 다섯째, 투자 기간이 짧아(약 3~11개월) 단기 투자수입과 원금 회수가 유리하다. GPL 투자자로서 이 정도의 개념 정도만 이해한다면 GPL 투자자에게는 충분하다.

　그런데 이러한 NPL 투자가 있는데도 왜 GPL 투자가 떠오르게 되었을까? 16년 7월 25일 금융위원회는 국무회의를 통해 대부업 등의 등록 및 금융이용자 보호에 관한 법률을 시행하면서 대부업자, 여신금융기관의 대부채권을 매입할 수 있는 자를 여신금융기관, 매입추심업자로 등록한 대부업자, 공공기간(한국자산관리공사, 예금보험공사, 주택금융공사) 부실금융기관의 정리금융회사로 제한시켰다. 이 법으로 달콤한 부실채권투자시장에 개인 투자자들의 진입 장벽은 높아지게 되었고 이는 부실채권시장의 30조 중 5조 원에 가까운 금액을 투자했던 개인 투자자들이 NPL 투자시장을 떠나게 되는 결과를 낳았다. 그리고 이는 개인 투자자의 NPL 시장에 암흑기를 가져왔고 개인 NPL 투자자들 GPL 후순위 담보대출 시장으로 입문하게 된 계기가 된다.

02.

NPL 투자 방법 임의대위변제

NPL 투자가 개인 투자자들이 투자를 할 수 없게 되자, 많은 개인 투자자는 법 테두리 안에서 합법적으로 가능한 투자방법을 모색하게 된다. 이 방법이 임의대위변제 투자법이다. 임의대위변제 투자법은 대위변제 투자 중 한 방법이며, 대위변제에는 임의대위변제, 법정대위변제 두 가지방법이 있다. 먼저 GPL 투자자는 법정 대위변제 투자가 가능한데, GPL 투자자의 장점을 알아보기 위해 임의대위변제에 대해 알아보자.

임의대위변제는 이해관계가 없는 제3자 또는 정당한 이익이 없는 자가 채무자의 채무를 대신 변제하는 방법으로 채무자의 동의를 받아 채권자의 승낙이 있으면 가능하다. 그 법적근거는 아래와 같다.

앞서 이야기했듯이 개인 투자자들은 NPL 투자가 막히게 되자 이러한 방법으로 투자방법을 모색해 투자하기 시작했다. 임의대위변제를 위해서는 채무자를 직접 만나 변제의사를 밝히고 변제하기로 승낙을 받음으로써 변제할 수 있다. 개인 투자자들은 NPL 투자를 위해서 경매가 진행 예정인 물건들을 검색하고 채무자들 주소지로 우편물을 발송해 채무자에게 채무를 대신 변제하는 것을 도와주겠다고 제안한다. 우편물 내용으로 경매가 진행된 이후 이사비용 지원 또는 채권금액의 일정금액을 지원한다는 등의 조건을 제시하며 변제의사를 밝히고 만약 채무자가 해당 조건을 승낙하면 대위변제를 희망하는 투자자에게 연락하여 협의하고 채무를 대신변제해 채권자로부터 근저당권을 이전받는다.

　개인 투자자가 임의대위변제로 투자할 경우 보통 1순위 근저당권에 대해 임의대위변제를 하는데 이전의 경우 연체이자의 제한이 정해지 있지 않아 이렇게라도 투자자들이 투자할 경우 수익률이 높았으나 현재 연체이자가 약정이자+3%로 제한됨에 현재 1금융권 주택담보대출 이자가 평균 3.5%로 계산할 때 6.5%의 지연이자만 받게 된다. 따라서 대위변제 투자자는 예전의 수익률을 위해 고이율로 채무자와 금전소비대차 재계약해야만 하는 어려움이 있고 이러한 고이율의 재계약은 상당히 어려움이 많을 것으로 예상된다. 이 이유로 개인 투자자의 NPL 투자 장벽은 더 높아지게 되었다.

03.

NPL 투자자들에게 환영받는
GPL 후순위 담보대출 투자

대부업 연체가산이자율이 19년 6월 25일부터 연 3%포인트로 제한되었다. 금융위원회는 19년 6월 12일 정례회의를 열고 대부업법 시행령에 따른 여신금융기관의 연체이자율에 관한 규정 개정안을 의결했다. 개정안은 대부이용자에 대한 대부업자의 연체이자율 부과수준을 '약정이자율+3%포인트 이내'로 제한한다는 내용이다.

개정안이 나오기 전 은행들은 소비자가 대출을 받은 뒤 이자 납입을 2개월(신용대출은 1개월) 동안 연체하면 지체된 기간의 이자에 대해 지연배상금을 부과한다. 여기서 지연배상금이란 성실한 채무이행을 확보하기 위해 채무자에게 부과하는 벌금 형식의 제재금으로 연체이자+연체가산금을 부과했다.

그런데 주의할 점은 이자 연체가 3개월 지속되면 이자뿐만 아니라 대출 잔액 전체에 대해서도 지연배상금을 물린다는 것이다. 따라서 연체가 3개월을 넘으면 연체이자가 폭발적으로 늘어나는 구조였다. 하지만 연체가산이자율이 3%로 제한되면서 연체가 발생했을 당시 약정금리(대부이자율)가 있다면 약정금리에 +3%로만 받을 수 있다

이전에는 업권마다 은행은 연체 가산금리를 5~8%p, 저축은행은 5%p 이상, 보험은 3~11%p 정도 수준의 연체이자율 적용했다. 카드 사는 약정금리에 가산금리를 더하는 방식이 아니라 차주를 신용등급 에 따라 세 그룹으로 나눠 연체금리를 20% 내외 수준으로 차등 적용 했다. 연 7%의 금리 대출자와 13% 대출자 모두 빚을 제때 갚지 못하 면 처음 받은 대출금리와 관계없이 일괄로 21%의 연체금리를 부과 되는 식이었다.

그러나 금융위는 은행과 비은행 등 전 금융업권의 가계 · 기업대출 에 일괄적으로 '약정금리+3%p'를 적용하기로 하고 관련 규정을 대부 업 고시로 일원화하기로 했다. 그러면서 기존 연체자에게도 인하된 연체 가산금리를 적용할 수 있다는 것이다. 기존 대출자가 이전에 연 체해 당시 금리로 연체이자를 냈더라도 현재는 '약정금리+3%'만 내 는 것이다.

또한 14년 법정 최고 이율이 연 27.9%이었으나 18년도 2월부터 3.9%로 낮아진 연 24%로 적용해 그만큼 3.9%의 수익이 떨어지게 됐다. 거기에다 약정금리+3%가 적용됨으로써 예전에는 법정이율 내 에서 연체이자를 제한 없이 부과했던 부실채권이 약정금리 +3%로

제한된 것이다.

이것은 NPL 투자자에게 굉장한 타격이었다. NPL 채권 투자자의 가장 기본적인 투자 방법은 부실채권을 매입해 채권에 대한 연체이자를 쌓아 채권최고액 내에서 배당받아 수익을 내는 것인데 법정 최고 이율 하향과 연체이자가 약정금리+3% 제한으로 수익이 줄어들었다.

쉽게 예전에는 NPL 투자자는 채무가 약정이자 2%로 대출받아 3개월 연체하였다면 기한의 이익상실로 연체이자 적용 중인 채권을 구매해 법정이율 24% 내로 제한 없이 적용해 채권최고액 내에서 배당받을 수 있었다. 그래서 NPL 투자자들은 후순위 채권이 아닌 후순위보다 안전한 1금융권 내에서 발행한 1순위 담보 채권으로도 충분한 수익을 낼 수 있었다. 그러나 정부는 연체이자를 약정금리+3% 제한함으로써 2%+3%=5%만 배당받을 수 있어 더 이상 NPL 투자자들은 1금융권의 NPL 채권으로는 수익을 낼 수 없는 실정이다. 대부분의 NPL 투자자의 경우 근저당권 부실채권을 매입해 자기자본의 최소한의 금액으로 투자하기 위해 근저당권의 90%의 금액을 근저당권부 질권대출 받아 투자하는데 이 금리가 6~8%로 현 상황에서는 역마진인 셈이다.

그러나 사금융권 대부업에서 발행한 후순위 담보채권은 기본적으로 이율이 18~22% 선에서 높게 대출이 이루어지는데 여기서 채무자가 3개월 이자를 연체하면 약정금리 18~22%+3%이므로 21~24% 까지 연체이자 부과하여 채권최고액 내에서 받을 수 있다.

현재 서울의 경우 대출이 LTV 40%로 제한되고, 9억 이상의 주택의 경우 대출을 받을 수 없기에 1금융권에서는 우량담보라도 대출이 제한되고 있어 대출이 필요한 많은 사람들이 대출규제가 없는 대부업체로 유입되기 시작했다. 또한 1금융권의 채권은 대출금액의 120%를 채권최고액으로 설정하는 반면 사금융권은 대출금액의 150%로 설정함으로써 이자를 범위 수 있는 범위도 크다.

따라서, NPL 투자자들에게는 현재 1금융권 부실채권보다 사금융권 부실채권이 더 매력적인 것이다. 현재 NPL법인 회사들이 해당 후순위 담보채권 중 기한의 이익상실 즉 GPL에서 NPL 채권으로 넘어간 채권들을 서로 가져가려고 줄을 서고 있다. 이러한 상황으로 GPL 투자의 안정성을 한 번 더 보여 주는데 GPL 투자자들이 정상적으로 이자를 받다가 채무자가 이자를 3개월 미납할 경우에 대부업회사에게 채권양도 의사를 밝히면 대부업회사에서는 해당 근저당권을 NPL 회사에 쉽게 양도할 수 있고 양도를 통해 원금과 이자를 받아 투자자에게 지급하게 된다.

또한, NPL(부실채권)을 활용해 연체이자를 21~24%까지 적용해 경매로 법원배당을 받고자 하는 개인 전문투자자들도 많아 투자자 간 질권을 양도양수할 수 있다. 이때 원금만 또는 원금+1~3개월 일

정 이자 협의하여 양도한다. 투자자에게 이것은 경매 이외에 원금을
회수할 수 있는 방법이다.

PART 06

더 넓은
수익의 바다로

01.

연체되는 순간 수익은 늘어난다

투자자는 채무자가 기한의 이익상실이 되면 고민을 하게 된다. 이때의 투자자의 선택은 경매와 NPL 투자법을 아는 투자자와 모르는 투자자 둘로 극명하게 나뉜다. 경매와 NPL 투자법을 모르는 투자자의 경우, 매달 들어오던 이자가 들어오지 않는다는 불안함과 경매에 대한 막연한 두려움으로 채권을 양도하고 또 다른 투자 물건을 찾는다.

하지만 진정한 고수들의 수익은 기한의 이익상실이 되는 시점부터 시작된다. 알고 보면 쉬운 고수들이 투자하는 투자방법에 대해 알아보자.

이 고수들이 하는 투자방법은 경매 낙찰매각대금을 통해 법원으로부터 연체이자를 배당받는 것이다. 기한의 이익상실이 될 경우 22%의 이자에서 법정최고이자 24%로 받을 수 있다. 매달 이자가 들어오지는 않지만 투자원금에 연 24%로 쌓이는 이자를 약 11개월(1회 유찰 되고 2회에 낙찰된다고 가정 시 소요되는 시간) 뒤에 받으면 된다. 일 년 적금을 받는 셈이다. 단순히 경매를 신청하고 기다려 배당 받으면 된다. 만약 투자자는 경매 신청은 어떻게 하지 고민한다면 걱정은 안 해도 된다. 투자자는 업체에 경매의사를 밝히면 투자자(질권자)의 동의를 얻어 업체에서는 경매신청을 한다. 하지만, 초기 경매 신청 시 경매비용이 들어가는데, 이 경매비용은 경매 낙찰대금을 통해 최우선순위로 배당받게 되어 실제 투자자가 경매진행 시 드는 비용에 90%는 환수 받는다. 대부법인에서는 해당 회사에서 제휴하는 법무사무소나 변호사사무실 또는 회사의 법무사, 변호사를 통해 해당 업무를 지원한다. 그저 투자자에게 필요한 것은 인내심이다. 경매가 진행되는 동안 기다리고 배당기일에 법원을 찾아가 배당액을 받아 오면 된다. 투자사례를 통해 경매로 진행될 경우 배당이익에 대해 살펴보자.

 사례분석

경기 광주시 탄벌동 766 경남아너스빌2단지 201동 ○○○호
KB시세가 430,000,000원
매매가액 380,000,000~430,000,000원
1순위 대출액 268,000,000원(새마을금고)
2순위 대출요청액 50,000,000원

1순위 대출이자 3.5%

2순위 대출예정이자 22%

건물 시세가 대비 대출액(LTV)

318,000,000/430,000,000=73.95%

경기 광주시 탄벌동 아파트 매각가율 86.2%

동종 아파트 매각가율 93%

해당 투자 사례의 경우를 살펴보면

1순위 지연이자는 3.5%+3%=6.5%라고 가정하고

2순위(투자금액) 지연이자는 24%

경매는 2차에 낙찰된다고 가정하여 약 11개월(330일) 소요

연 이자	24%	23%	22%	21%	20%
11개월 이자	21.7%	20.8%	19.9%	19%	18.1%

11개월 정상이자(22%)=9,950,000원

11개월 지연이자(24%)=10,850,000원

정상으로 이자를 수령했을 때보다 900,000원 추가 이득이다.

여기서 추가로 투자자가 경매진행 시 파악해야 할 것이 있다. 경매가 얼마의 기간까지 진행되어야 손해구간을 접어들지 않는지 알아야 한다.

첫 번째는 예상낙찰가가 1순위 원금과 지연이자, 2순위 원금과 지연이자와 합한 금액이 같아지는 시점이 있게 된다. 이 경우에는 예상낙찰가가 1순위 원금과 지연이자, 2순위 원금과 지연이자와 합한 금액이 같아지는 시점 이후 경매진행이 계속해서 늦어져 아직 1순위 원금과 지연이자가 1순위 근저당권 채권설정액에 못 미친다고 할 때, 해당 시점 이후 쌓이는 1순위 채권의 지연이자는 2순위 채권자가 받아야 할 배당액에서 차감되어 손해를 보게 될 것이다.

두 번째로 어느 시점에 다다르면 원금과 지연이자가 채권설정금액을 초과해서 지연이자가 더 이상 쌓이지 않는 시점을 알아야 한다. 이 경우 채권설정금액을 넘어가는 순간부터, 경매기간이 연장돼도 더 이상 이자는 쌓이지 않게 되어 결국 최종 수익률이 떨어지게 될 것이다.

첫 번째의 예상낙찰가가 1순위 원금과 지연이자, 2순위 원금과 지연이자와 합한 금액이 같아지는 시점을 구하기 위해서 다음과 같은 등식이 설립된다.

$$경매진행기간 = \frac{12[KB시세가 \times 낙찰가률 + (1순위원금 + 2순위원금)]}{(1순위원금 \times 1순위지연이자) + (2순위원금 \times 2순위지연이자)}$$

실투자 사례의 경우 예상낙찰가가 1순위 원금과 지연이자, 2순위 원금과 지연이자와 합한 금액이 같아지는 시점은 21.5개월이다. 경매가 21.5개월 이상 지속될 경우 연 수익률이 떨어지게 된다.

두 번째의 경우는 1순위 채권의 경우 설정금액이 120%의 경우 3년이 걸리고 130%의 경우 4년 7개월이 걸린다. 2순위 채권의 경우 설정금액이 150%일 때 연 최고 지연이자 24%로 가정 시 약 2년 1개월 걸린다.

투자자가 경매를 통해 배당을 받기로 결정했다면 위에 기간들을 고려해 전략적으로 접근해야 한다. 투자자는 경매가 21.5개월 동안 진행되어도 통계를 통해 산출한 경매낙찰가율로 낙찰된다고만 하면 21.5개월의 지연이자를 전액 배당받을 수 있을 것이다. 또한 채권최고액이 달성되는 시점은 약 2년 1개월(25개월)인데 이 시점을 고려했을 때, 경매 소요기간을 약 11개월로 잡고 이자 미납이 10개월 경과되는 시점에서 경매신청 시 21.5~25개월 뒤에 지연이자를 법원으로부터 배당받게 될 것이다.

02.

법정대위변제 투자

앞서 개인 투자자들이 NPL 투자 방법 중 하나로 임의대위변제 투자법을 살펴보았었다. 그들은 이 임의대위변제를 위해 채무자에게 직접 연락을 해 대위변제하겠다고 요청하고, 채무자로부터 승낙받아야만 대위변제자로 투자를 할 수 있지만 GPL 투자자는 선순위 채권에 대해 법적인 권리로 채무자의 동의 없이 대위변제를 할 수 있다. 이 방법을 법정대위변제 투자법이라 한다.

법정대위변제 투자란 선순위 채권을 법정대위변제해 추가로 배당 수익을 창출하는 방법으로, 후순위 채권자는 자산의 채권을 보존하여 배당받기 위해 선순위의 채권을 법적으로 대신 변제할 권리가 생긴다. 채무자는 대출을 받기 전 법정대위변제를 허락하는 서류를 작성하여 제출하고 후순위 채권자인 투자자가 원한다면 법정대위변제를 통해 선순위 채권을 변제할 수 있다. 선순위 채권을 변제 하면 투자자는 무슨 이익이 있을까? 연체이자 제한이 있기 전에는 선순위 근저당권을 대위변제하면 바로 고수익이 났었지만 현재는 연체이자가 약정 이자+3% 제한되어 제1금융권에서 대략 6.5%의 연체이자를 받고 있어 그 수익은 예전보다 높지 않다. 보통 선순위 채권은 제1금융권인 경우가 많기에 후순위 투자자는 채무자에게 은행거래 및 신용카드를 사용할 수 있도록 선순위 채권에 대해 대위변제하겠다고 제안을 한다. 그 조건으로 금전소비대차를 재발생시키고 이율을 6.5%보다 높게 설정한다. 이렇게 제1금융권 채권을 변제하면서 투자자 입장에서는 수익률을 가져올 수 있는 이율과 채무자가 제안을 받아 들일만 한 적정선의 이율로 금전소비대차 재계약해 선순위 채권을 대위변제한다. 이후 투자자는 약정한 이자를 법원 배당을 통해 받게 된다. 실제 NPL 개인 투자가 막혀 이러한 형식으로 채무자들에게 제안을 해 임의대위변제로 채무를 변제하고 근저당권을 채권권자에게 이전 받아 투자한다.

이러한 제안은 채무자에게 어떠한 장점이 있을까? 채무자는 어차피 금융권에서 채무를 갚지 못해 경매로 넘어갈 경우 금융거래가 정지가 되는데 경매가 진행되고 이후에도 금융거래가 막히면 경제 활동을 해야 하는 사람으로서는 여간 힘든 제약이 아닐 수 없다. 그런데 대위변제를 통해 금융권에 채무를 갚아 경매를 일시 중단하거나 경매가 진행된다 하더라도, 채무자는 금융권의 금전은 다 변제한 것이기 때문에 1금융권에서 정상적인 금융거래가 가능해져 원만한 경제활동을 영위할 수 있게 된다.

사례분석

경기 용인시 처인구 삼가동 564 용인두산위브3단지 ○○○동 ○○○호

KB시세가 320,000,000원

매매가액 315,000,000~330,000,000원

1순위 대출액 225,000,000원(농협)

2순위 대출요청액 25,000,000원

1순위 대출이자 3.5%

2순위 대출예정이자 22%

건물 시세가 대비 대출액(LTV)

250,000,000/320,000,000=78.12%

경기 광주시 탄벌동 아파트 매각가율 85.2%

동종 아파트 매각가율 93%

해당 투자 사례의 경우를 살펴보면

1순위 지연이자는 3.5%+3%=6.5%라고 가정하고

2순위(투자금액) 지연이자는 24%

경매는 2차에 낙찰된다고 가정하여 약 11개월(330일) 소요

경매가 신청되어 진행 중 3개월이 경과된 시점에서 투자자가 선순위 채권을 법정대위변제하고 채무자와 다시 새로운 이율로(12%로 가정) 금전소비대차계약을 하였을 경우에 대해 살펴보면 1순위 법정 대위 변제 금액은 1순위 대출액 원금과 3개월의 이자가 될 것이다.

1순위 변제금액=225,000,000(원금)+3,606,164(3개월 지연이자)

=228,606,164원

금전소비대차재계약 약정이자 9%, 지연이자 12%(가정)

=225,000,000(원금)

경매진행 11개월 소요된다고 가정하면

225,000,000(1순위 원금)+19,972,602(1순위 9개월 지연이자)+

25,000,000(2순위 원금)+5,424,657(2순위 11개월 지연이자)

투자자가 대위변제하지 않을 경우 이자수익은 5,424,657원으로 투자금액 25,000,000원 대비 21.7%의 수익률로 연 24%의 수익이 었지만 대위변제하였을 경우 이자수익은 25,397,259원으로 총 이자 소득은 증가하게 되지만, 총 투자금액 253,606,164원 대비 수익률 10%, 연수익률 11%로 감소하게 된다. 하지만 진정한 고수들은 투자 자가 1순위 변제금액의 90%를 6.5%의 질권대출을 통해 대위변제하 고 자신의 자금을 최소한으로 유동시켜 수익률을 극대화한다. 그 예 를 살펴보면

1순위 변제금액=225,000,000(원금)+3,606,164(3개월 지연이자)

=228,606,164원

금전소비대차재계약 약정이자 9%, 지연이자 12%(가정)

=225,000,000(원금)

근저당권부 질권대출(90%) 202,500,000원 연이자 6.5%

대위변제 시 실투자금액은 22,500,000원(1순위 원금의 10%)

경매진행 11개월 소요된다고 가정하면 이자소득은

19,972,602(1순위 9개월 지연이자)−9,736,643원(1순위근저당권부

질권대출 이자)+5,424,657(2순위 11개월 지연이자)=15,660,615원

투자자는 대위변제 투자 시 투자금액 22,500,000원+3,606,164원과 기존 투자금액 25,000,000원으로 총 11개월 동안 15,660,615원을 얻는다. 수익률은 30%로 연 수익률 33.2%으로 수익률은 증가한다.

03.

방어입찰을 통한 매매 시세차익

만약 채무자가 채무를 갚지 않아 기한의 이익상실로 경매를 진행하게 되었을 때, 경매 입찰자가 없거나. 총 채권액보다 낮은 가격으로 낙찰되는 경우는 없을지 걱정이 될 것이다. 이런 상황이 없으면 좋겠지만 가능성은 적더라도 이러한 상황은 있을 수 있다. 이런 상황을 대비해 채권자는 방어 입찰을 할 수 있다.

방어입찰은 먼저 배당표를 작성해 분석하고, 자신의 원금 및 이자와 선순위 채권자의 원금 및 이자를 계산하여 합한 금액으로 입찰하는 방법이다. 방어입찰을 하는 이유는 만에 하나 경매의 경쟁률이 적고, 낙찰가가 선순위 채권금액(원금 및 이자)＋후순위 채권금액(원금 및 이자)보다 적을 경우 후순위 채권자는 배당금액이 적어 투자손실이 있을 수 있기 때문에 투자자는 차라리 내 채권금액을 상계해 나머지 입찰가격만 지불하고 부동산을 낙찰받아, 매매를 통한 시세차익을 얻기 위한 방어적 투자방법이다.

채권자는 방어입찰 시 경매 당일 보증금(10%)을 법원에 납부하고 경매에 입찰해야 하는데 이때 투자자는 보증금을 지불하기 위해 추가 자금이 필요하다. 그 이후 배당표를 통해 분석한 방어입찰 가격으로 낙찰받을 시 자신의 채권금액 만큼 법원에 상계시키고 나머지 금액을 납부기일 내에 납부하면 된다. 이후 투자자는 해당 부동산을 실제 매매가로 매도해 추가 시세차익을 볼 수 있다.

 사례분석

경기 용인시 기흥구 신갈동 746 신흥덕롯데캐슬스레니시티 ○○○○동 ○○○○호

KB시세가 350,000,000원

매매가액 365,000,000~400,000,000원

1순위 대출액 24,050,000원(새마을금고)

2순위 대출요청액 45,000,000원

1순위 대출이자 3.5%

2순위 대출예정이자 22%

건물 시세가 대비 대출액(LTV)

285,500,000/350,000,000=81.57%

경기 광주시 탄벌동 아파트 매각가율 86.2%

동종 아파트 매각가율 96%

방어 입찰가를 계산해 보면

방어입찰가=1순위 원금+1순위 지연이자+2순위 원금+2순위 지연이자

240,500,000+14,133,493+45,000,000+9,764,383

=309,397,876원

투자자가 해당금액으로 방어입찰 시 KB시세대비 88%의 입찰 가로 입찰하게 되고, 만약 낙찰되었을 경우 매매하여 시세차익 350,000,000원-309,397,876원=40,602,124원의 추가수익을 얻을 수 있게 된다.

투자자가 만약 해당 부동산 지역의 호재로 가격상승이 예상된다고 하면 방어입찰가로 방어목적의 입찰이 아니라 향후 투자목적으로 입찰해도 좋다. 그렇게 해서 낙찰되면 이후 시세차익은 더 클 것이다.

04.
GPL 유동화 순환구조 투자법

이 투자방법의 우선 전제 조건으로 투자자가 근저당 채권자이어야 한다. GPL의 일반적인 유동화 활용 투자의 경우에는 대부법인으로 설정된 근저당권만 가능하나, 기한이의 이익상실로 경매가 신청되었을 때는 부실채권으로 개인이나, 개인대부업자의 경우도 유동화 투자가 가능하다.

이 유동화 투자법이 가능한 이유는 근저당권은 채권으로 채권의 수익 및 이자수익을 담보로 다른 이에게 매달 일정 금액을 주기로 약속하고 현금을 융자할 수 있기 때문이다. 이 유동화 증권은 수익을 창출할 수 있는 여러 가지 형태의 기초 자산은 모두 대상이 될 수 있으며 자산 및 채권 유동화를 통해 금융시장은 자금의 수요와 공급을 연결해 주는 기능을 하게 된다. 만약 채권을 그대로 보유하고 있는 경우에는 다른 자금을 융통할 수 없지만 채권을 기초로 유동화할 때 새로운 자금을 융통할 수 있게 되는 것이다.

필자가 처음 유동화 투자방법에 들었을 때 부동산 투자 방법 중 하나와 비교하며 이해를 했다. 부동산 임대사업자의 경우 부동산을 매입한 이후 전세를 통해 자금을 융통시켜 다른 부동산에 투자하고, 또다시 전세를 통해 자금을 융통시켜 다른 부동산에 투자하는 방식이다. 이렇듯 GPL 투자자는 부동산이 아니라 근저당 채권을 통해 유동화를 할 수 있는데 이러한 단계를 여러 번 걸치면 투자금 융통이 가능해지고 수익률은 극대화된다.

근저당권자는 해당 근저당권을 담보로 근저당권 담보부 질권대출을 받아 유동화시키는 데 보통 채권원금액의 80~90%를 유동화 가능하며 6.5~12% 선으로 이자율은 다양하다. 아래는 1억 원의 금액으로 채권금액의 90%를 유동화한 10단계 유동화 시뮬레이션 내용이다.

10단계 유동화 매트릭스

비고	채권액	투자금액	질권대출	질권대출액	질권대출 약정이자	질권대출 연이자	질권대출 월이자	수수율	수수료	후순위담보 대출약정이자	본 대출수익	월 대출수익	총 연수익	총 월수익
유동화1	₩ 100,000,000	₩ 10,000,000	90%	₩ 90,000,000	7.5%	₩ 6,750,000	₩ 562,500	4.0%	₩ 4,000,000	22%	₩ 22,000,000	₩ 1,833,333	₩ 112,500,000	₩ 937,500
유동화2	₩ 100,000,000	₩ 10,000,000	90%	₩ 90,000,000	7.5%	₩ 6,750,000	₩ 562,500	4.0%	₩ 4,000,000	22%	₩ 22,000,000	₩ 1,833,333	₩ 112,500,000	₩ 937,500
유동화3	₩ 100,000,000	₩ 10,000,000	90%	₩ 90,000,000	7.5%	₩ 6,750,000	₩ 562,500	4.0%	₩ 4,000,000	22%	₩ 22,000,000	₩ 1,833,333	₩ 112,500,000	₩ 937,500
유동화4	₩ 100,000,000	₩ 10,000,000	90%	₩ 90,000,000	7.5%	₩ 6,750,000	₩ 562,500	4.0%	₩ 4,000,000	22%	₩ 22,000,000	₩ 1,833,333	₩ 112,500,000	₩ 937,500
유동화5	₩ 100,000,000	₩ 10,000,000	90%	₩ 90,000,000	7.5%	₩ 6,750,000	₩ 562,500	4.0%	₩ 4,000,000	22%	₩ 22,000,000	₩ 1,833,333	₩ 112,500,000	₩ 937,500
유동화6	₩ 100,000,000	₩ 10,000,000	90%	₩ 90,000,000	7.5%	₩ 6,750,000	₩ 562,500	4.0%	₩ 4,000,000	22%	₩ 22,000,000	₩ 1,833,333	₩ 112,500,000	₩ 937,500
유동화7	₩ 100,000,000	₩ 10,000,000	90%	₩ 90,000,000	7.5%	₩ 6,750,000	₩ 562,500	4.0%	₩ 4,000,000	22%	₩ 22,000,000	₩ 1,833,333	₩ 112,500,000	₩ 937,500
유동화8	₩ 100,000,000	₩ 10,000,000	90%	₩ 90,000,000	7.5%	₩ 6,750,000	₩ 562,500	4.0%	₩ 4,000,000	22%	₩ 22,000,000	₩ 1,833,333	₩ 112,500,000	₩ 937,500
유동화9	₩ 100,000,000	₩ 10,000,000	90%	₩ 90,000,000	7.5%	₩ 6,750,000	₩ 562,500	4.0%	₩ 4,000,000	22%	₩ 22,000,000	₩ 1,833,333	₩ 112,500,000	₩ 937,500
유동화10	₩ 100,000,000	₩ 10,000,000	90%	₩ 90,000,000	7.5%	₩ 6,750,000	₩ 562,500	4.0%	₩ 4,000,000	22%	₩ 22,000,000	₩ 1,833,333	₩ 112,500,000	₩ 937,500
TOTAL	₩ 1,000,000,000	₩ 1,000,000,000		₩ 900,000,000		₩ 67,500,000	5,625,000	4.0%	₩ 40,000,000.00		₩ 220,000,000	₩ 18,333,333	₩ 112,500,000	9,375,000

이렇듯 1억의 금액으로 10단계 유동화 시 연 112,500,000원, 월 9,375,000원의 이자수익을 낼 수 있다.

실제로 이러한 유동화를 하기 위해서는 저축은행을 통해 근저당권부 질권대출을 해야 하는데, 직접 은행을 방문해야 하고 해당 근저당권부 질권대출을 해 주는 지점은 제한되어 있어 사전에 연락하여 방문해야 한다. 또한 해당 질권대출을 해 주는 저축은행이 생각보다 많지 않고 초기 대출 진입장벽이 있어 그 장벽을 뚫기가 쉽지 않다. 그러나 불가능한 것은 아니니 해당 내용에 대해 알아 둘 필요가 있으며, 현재 필자가 운영하는 투자처에서는 대부법인사업자 또는 개인 투자자들에게 해당 유동화 투자를 시켜 주고 있다.

05.
이자소득세와 절세방안

소득이 생기면 당연히 세금신고를 해야 한다. GPL 투자 시 얻는 이자소득에 대해 세금은 얼마나 내야 할까? 대부법인을 통한 개인 투자자의 경우를 살펴보면 이자소득을 비영업대금 이자로 간주하여 원천징수세를 25%, 원천징수세에 대한 지방세 10%를 징수하며, 이자소득에 대해 총 27.5%의 세금을 납부해야 한다. P2P펀딩회사를 통해 투자하는 개인 투자자일 경우 20. 1. 1.부터 금융 분야 공유경제 활성화를 위해 적격 P2P(개인 간 거래) 투자 이자소득의 원천정수세율을 일반 예금의 이자소득과 같은 수준으로 인하하여 원천징수세율 14%, 원천징수세에 대한 지방세 10%를 징수하여, 이자소득에 대해 총 15.4%를 징수한다.

해당근거는

소득세법 129조 1항의 1 나

제129조(원천징수세율)

① 원천징수의무자가 제127조제1항 각 호에 따른 소득을 지급하여 소득세를 원천징수할 때 적용하는 세율(이하 '원천징수세율'이라 한다)은 다음 각 호의 구분에 따른다.

1. 이자소득에 대해서는 다음에 규정하는 세율

나. 비영업대금의 이익에 대해서는 100분의 25. 다만, 자금을 대출받으려는 차입자와 자금을 제공하려는 투자자를 온라인을 통하여 중개하는 자로서 관련 법률에 따라 금융위원회에 등록하거나 금융위원회로부터 인가·허가를 받는 등 이용자 보호를 위한 대통령령으로 정하는 요건을 갖춘 자를 통하여 2020년 12월 31일까지 지급받는 이자소득에 대해서는 100분의 14로 한다.

대부법인을 통해 개인 투자자가 월 100만 원의 이자 소득이 있을 경우 27.5만 원을 세금으로 납부해야 하는데 이 비용이 만만치 않다. 월 100만 원의 이자소득이라면 연 1,200만 원에 대한 27.5%의 세금 330만 원을 납부한다. 반면 P2P펀딩회사에 투자한 개인투자자가 월 100만 원, 연 1,200만 원의 이자소득이 발생할 경우 15.4%로 인하된 185만 원을 세금으로 납부한다.

개인투자 시 대부법인을 통한 투자 또는 P2P펀딩회사를 통한 투자시 이자소득에서 27.5% 또는 15.4%를 원천징수해 나머지 금액을 투자자에게 제공한다. 개인 투자자는 이자소득이 2,000만 원 이상일 경우 초과금액분에 대해서 다른 소득과 합산하여 종합소득 과세표준을 적용하고 추가로 종합소득세를 납부하여야 한다. 그러나 2천만 원 미만일 경우에는 원천징수한 금액만 세금을 내면 납세의무가 종료되게 된다.

종합과세대상 소득의 종류				
이자·배당소득	사업 (부동산 임대소득)	근로소득	연금소득	기타소득

개인 투자자 세금 시뮬레이션

종합소득세 과세표준		
소득금액	세율	누진공제액
1,200만 원 이하	6%	없음
1,200만 원 ~ 4,600만 원 이하	15%	1,080,000
4,600만 원 ~ 8,800만 원 이하	24%	5,220,000
8,800만 원 ~ 1억 5천만 원 이하	35%	14,900,000
1억 5천만 원 ~ 3억 원 이하	38%	19,400,000
3억 원 ~ 5억 원 이하	40%	25,400,000
5억 원 초과	42%	35,400,000

개인의 경우 이자소득이 2천만 원이라고 하면 원천정수하여 납부한 것으로 납세의무가 종료되지만, 이자소득이 2천만 원을 초과하는 경우에 종합과세가 되므로 다른 소득과 합산하여 종합소득세율을 적용하며, 최종 결정세액에서 기납부한 원천정수 세액과 종합소득세액

중 높은 세금에 나머지를 차감한 세금을 납부하게 된다.

종합과세 시 경우의 수가 많지만 대략적으로 예를 들어 확인해 보자.

개인 투자자가 근로소득이 연 6,000만 원, 이자소득이 연 2,500만 원 생겼을 경우를 살펴보자.

대부법인투자(원천징수 25%, 지방세 10%)

ㄱ. 분리과세 방식=1,543만 원

① 이자소득세: 2,500×25%=625만 원

② 근로소득세: 6,000×24%−522(누진공제)=918만 원

결국 ①+②=1,543만 원이고 이 세금을 합하고 지방소득세 10%를 가산하면 1,697.3만 원이 나온다.

ㄴ. 종합소득과세방식=1,691.8만 원

{(2,000)×25%+[(2,500−2,000+6,000)×24−522]}×110%

=1,691.8만 원

ㄴ−ㄱ=5.5만 원을 추가로 납입해야 한다.

P2P펀딩(원천징수 14%, 지방세 10%)

ㄱ. 분리과세 방식=1,394.8만 원

① 이자소득세: 2,500×14%=350만 원

② 근로소득세: 6,000×24%-522(누진공제)=918만 원

결국 ①+②=1,268만 원이고 이 세금을 합하고 지방소득세 10%를 가산하면 1,394.8만 원이 나온다.

ㄴ. **종합소득과세방식=1,421.8만 원**

(2,000)×14%+[(2,500-2,000+6,000)×24-522]×110%

=1,421.8만 원

ㄴ-ㄱ=27만 원을 추가로 납입해야 한다.

따라서, 대부법인 투자자가 이자소득이 연 2,500만 원이라면 2,500만 원에 대해 27.5%인 687.5만 원을 세금으로 납부하고도 5.5만 원을 더 납입해야 한다. 총 693만 원을 세금으로 납부한다. 그러면 P2P펀딩회사에 투자한 투자자의 경우 2,500만 원에 대해 15.4%인 385만 원을 세금으로 내고 27만 원을 추가로 납입해야 한다. 총 412만 원을 세금으로 납부한다.

이렇게 같은 세금으로만 보았을 때 P2P펀딩회사에 투자한 경우가 더욱 절세하는 방법이지만, 2,500만 원 이자를 받기 위해 투자자금이 달라진다는 것을 잊지 말자. 대부법인 투자의 경우 수익률 연 18~22%, P2P펀딩의 경우 연 8~10%이므로 2,500만 원의 연수익

을 얻기 위해서는 대부법인투자, P2P펀딩 시 투자금액이 각각 1억 1,363만 원, 2억 5천 원이 필요하다.

그러면 동일 투자금액을 가정하여 연수익률 및 세금을 계산해 보면

근로소득이 연 6,000만 원 직장인이
투자금 1억 1,363만 원으로 투자 후 이자소득 발생 시

대부법인투자 연수익률 22% 연이자소득 2,500만(원천징수 25%, 지 방세 10%)

ㄱ. 분리과세 방식=1,543만 원

　① 이자소득세: 2,500×25%=625만 원

　② 근로소득세: 6,000×24%-522(누진공제)=918만 원

결국 ①+②=1,543만 원이고 이 세금을 합하고 지방소득세 10%를 가산하면 1,697.3만 원이 나온다.

ㄴ. 종합소득과세방식=1,691.8만 원

　{(2,000)×25%+[(2,500-2,000+6,000)×24-522]}×110%

　=1,691.8만 원

ㄴ-ㄱ=5.5만 원을 추가로 납입해야 한다.

P2P펀딩 연수익률 10% 연이자소득 1,136.3만(원천징수 14%, 지방
세 10%)

ㄱ. 분리과세 방식=1,184.81만 원

① 이자소득세: 1,136.3×14%=159.1만 원

② 근로소득세: 6,000×24%-522(누진공제)=918만 원

P2P펀딩 시 연수익률이 2천만 원을 넘지 않아 종합과세기준을 넘지 않는다. 따라서 분리과세 방식으로 계산한 세액으로 납세를 하게 된다.

위에서 살펴보았듯이 대부법인을 통해 투자 시 이자소득이 2,500만 원 발생하게 되면 최종적으로 693만 원을 지불하게 되어 세후 이자소득은 1,807만 원으로 볼 수 있다. 세후 금액으로 약 투자금대비 수익률 15.9%이다.

그러면 P2P펀딩 시 같은 금액으로 투자 시 연이자소득 1,136.3만 원에서 이자소득에 대한 원천징수세 159.1만 원을 제외할 경우 세후 연 이자소득 977.2만 원으로 연 8.7%의 수익률이다.

해당 세금 시뮬레이션의 경우 근로소득 구간에 따라 결괏값이 달라질 수 있다. 하지만 투자처 선택으로 동일 투자금 대비 수익률 차이가 너무 커 세금이 의미가 없을 정도다. 그러나 투자자입장에서는 세금을 조금이라도 절세하고 싶을 것이다. 투자자가 절세할 수 있는

방안은 무엇일까?

　바로 대부개인사업자 또는 대부법인사업자를 내는 것이다. 그 이유는 대부개인사업 또는 대부법인을 설립하면 이자소득에 대한 세금이 비과세이기 때문이다. 하지만 이자소득이 개인사업자, 또는 법인사업의 이익으로 산출되어 개인사업자는 종합소득세율에 의거 징수를 하고, 법인사업자는 법인세율로 징수하게 된다.

구분	개인			법인		
적용 세율	종합소득세 과세표준			법인세		
	소득금액	세율	누진공제	과세표준	세율	누진공제
	1,200만 원 이하	6%	없음	2억 원 이하	10%	–
				2억~200억	20%	2,000만 원
	1,200만~ 4,600만 원	15%	1,080,000	200억~ 3,000억 원	22%	3억 2,000만 원
	4,600만~ 8,800만 원	24%	5,220,000	3,000억 원 초과	25%	94억 2,000만 원
	8,800만~ 1억 5천만 원	35%	14,900,000			
	1억 5천만~ 3억 원	38%	19,400,000			
	3억~5억 원	40%	25,400,000			
	5억 원 초과	42%	35,400,000			
과세 소득	총수입금-필요경비=사업소득			법인소득은 법세로 과세, 대표자 급여는 근로소득으로 과세		
사업자 인건비	대표자 급여 경비인정 안됨			대표자 급여 신고 후, 경비인정 가능		
이익 사용	제한 없음			배당 또는 급여지급을 통해 사용가능		

위 표에서 보듯이 세율의 차이가 매우 크다는 것을 알 수 있는데, 이자수익 구간이 2억 원 이상 넘어간다고 가정하면 개인사업자 또는 법인사업자 중 법인이 절세 방안이라는 것은 과세표준만 보아도 명확하다. 개인사업자의 경우 소득금액 2억 원의 경우 38%를 세금으로 내지만, 법인의 경우 10%를 세금으로 낸다. 이렇게만 보면 당연히 누구나 법인을 택하겠지만 법인설립절차에서부터 운영까지 세부적인 부분을 고려해 개인 또는 법인을 설립해야만 한다. 또 다른 차이점으로는 대표자 급여의 경비처리 가능유무이다. 개인사업자의 경우 사업체를 개인 본인이라고 보기 때문에 수입금액 사용에 제한이 없으나. 본인이 본인에 급여를 준다고 보기 때문이다. 개인사업자의 경우 급여처리가 불가능하다.

그러나 법인의 경우 법인 자체를 대표자와 다른 인격으로 본다. 따라서 수익금액에 대해 대표자는 마음대로 사용할 수 없으나 급여 또는 배당을 통해서 수익금액을 받아 사용할 수 있다. 그래서 법인의 경우 대표자에게 급여를 주는 것으로 보아, 비용으로 인정되게 되는 것이다.

개인과 법인 공통사항으로는 두 사업자 모두 개인사업자, 법인 통장을 만들고 사업자카드 또는 법인카드를 받아 사용해 국세청에 신고 시 비용처리를 할 수 있고 추가로 차량 비용도 경비로 처리할 수 있다. 이렇게 이익 금액을 사용하여 경비 처리하여 절세 효과를 볼 수 있다.

P2P펀딩이 3년 이상 되면서 투자자와 회사가 투자자의 세금에 대한 절세방안을 모색하기 시작했고 개인 투자자의 경우 투자금액이 2억 이상 투자할 경우 사업자, 또는 법인설립을 하는 것을 고려할 것을 '8%'라는 P2P펀딩회사에서 추천한바 있다. 추측하건데 이 절세의 방안은 투자자를 직장인으로 가정해 기본근로소득이 있다고 본 것 같다. 하지만 이는 필자가 직접 계산한바가 아니므로 참고만 하자.

대략적인 내용을 확인하기 위해 투자자가 수입금이 10억 원을 기준으로 개인사업자와 법인의 세율에 대해 계산해 보자.

구분	개인사업자	법인	
		법인	법인대표
수입금액	1,000,000,000	1,000,000,000	100,000,000
경비	매입비용 800,000,000	매입비용 800,000,000 대표자급여 100,000,000	근로소득공제 14,750,000
과세소득	200,000,000	100,000,000	85,250,000
세율	38% (누진공제 1,940만)	10%	24%
세액	56,600,000	10,000,000	15,240,000
세액비교	56,600,000	25,240,000	

위 표에서 보듯이 법인의 경우가 법인세와 근로소득세가 이중으로 부과되나 개인사업자 경우 누진세율로 부과되어 더 세금을 많이 내게 된다. 법인의 경우 세금의 분산효과로 세율이 낮아져 실제 납부하

는 금액은 낮아진다.

　그러나 법인의 남은 이익금액은 유보되어 대표자가 마음대로 사용할 수 없고, 만약 이익금액 전액을 대표자 급여로 줄 경우 대표자의 소득이 종합소득세율로 세금이 부과되어 개인사업자의 경우와 세금 차이가 없다. 그러면 왜 마음대로 쓸 수 없는 금액을 법인에 두려고 할까? 법인의 경우 개인사업자보다 대외 신용도가 높아 대출, 자금조달을 통해 유동화할 수 있는데 이렇게 사업을 확대해 투자유치에 사용할 수 있다. 만약 실질적인 투자가 끝나가는 시점에 이후 남은 수입금으로 낮은 세율 구간으로 급여를 지급해서 연금처럼 받는 것도 하나의 방법이 될 것 같다.

　세금 관련해서는 특히 세무사를 통해 절세 방법을 알아가는 것이 가장 정확한 방법이니 추후 전문가의 도움을 받도록 하자.

PART 07

짚고
넘어가기

01.

P2P펀딩 vs 대부법인 투자

GPL 투자를 하는 방법에는 크게 2가지 방법이 있다.

첫 번째는 많은 젊은 세대들이 이용하는 온라인투자연계금융업 회사(이하 'P2P펀딩회사')를 이용하는 방법이 있고, 두 번째는 대부법인을 통해 아파트담보 후순위 대출 정상채권에 대해 투자하는 것이다. 필자가 투자한 방법은 두 번째 방법이다.

P2P펀딩회사는 크라우딩 펀딩을 응용하여 대출자와 투자자를 온라인 플랫폼으로 연결해 주는 서비스로, 돈을 빌리려는 사람이 중개업체를 통해 대출을 신청하면, 불특정 다수투자자들이 금액을 투자해 돈을 빌리려는 사람에게 대출하는 것이다.

이러한 P2P 금융 시장규모는 빠르게 성장하고 있고 전 세계 P2P 금융시장은 16년 대비 24배 성장했고 대한민국은 19년 말 기준 누적

대출액이 8조 6천억 원에 달한다.

시장이 커짐에 따라 P2P 금융시장을 악용한 문제가 드러나기 시작했고 법안의 필요성이 증대되어 온라인투자연계 금융업 및 이용자 보호에 관한 법률이 제정되어 2020. 8. 27. 시행예정이다.

P2P 투자를 이해하기 위해 온라인투자연계금융업 및 이용자 보호에 관한 법률에 제2조(정의)의 내용 중 몇 가지를 살펴보자.

1항 "온라인투자연계금융"이란 온라인 플랫폼을 통하여 특정 차입자에게 자금을 제공할 목적으로 투자(이하 '연계투자'라고 한다)한 투자자의 자금을 투자자가 지정한 해당 차입자에게 대출(어음할인·양도담보, 그 밖에 이와 비슷한 방법을 통한 자금의 제공을 포함한다. 이하 '연계대출'이라 한다)하고 그 연계대출에 따른 원리금수취권을 투자자에게 제공하는 것을 말한다.

8항 "온라인플랫폼"이란 온라인투자연계금융업자가 연계대출계약 및 연계투자계약의 체결, 연계대출채권 및 원리금수취권의 관리, 각종 정보 공시 등 제5조에 따라 등록한 온라인투자연계금융업의 제반 업무에 이용하는 인터넷 홈페이지, 모바일 응용프로그램 및 이에 준하는 전자적 시스템을 말한다.

풀어서 정리하면 P2P 투자는 P2P펀딩회사가 온라인플랫폼(홈페이지나 당사 모바일 APP)을 통해 돈을 빌리려 하는 자에게 투자자들로부터 투자금을 모집하여 대출하는 것을 말한다.

여기서 P2P펀딩회사는 이용자들에게 수수료(대출요구자 3% 이내, 투자자 2% 이내)를 부과한다. 또한 개인 투자자들은 한도가 정해져 있다. 한 대출당 500만 원 전체 5,000만 원으로 정했으며 부동산 관련 상품의 경우 한도가 3천만 원으로 더 작다. 즉, 신용대출 상품에만 투자 시 5천만 원까지 부동산 담보대출 시 3천만 원까지만 투자할 수 있다. 오히려 담보가 없는 신용대출의 경우 개인 투자자 한도를 낮춰 리스크를 분산하고, 부동산 담보대출같이 담보자산이 있는 투자금액을 높여야 할 것으로 생각되는데 이해할 수 없는 부분이다.

추가하여 온라인투자연계금융업 및 이용자 보호에 관한 법률 제35조 1항에 의거 다른 대부법인이 P2P펀딩회사를 이용하여 연계대출 시, 하나의 대출 모집금액에 40%까지만 투자가 가능하고, 투자금액은 제한이 없다. 반면 P2P펀딩회사의 GPL 상품은 신용대출에서부터, 건축자금, 주택담보대출 등 다양하다.

그렇다면 대부법인은 어떨까?

대부법인에서도 다양한 상품을 보유하고 있지만 여기서는 투자자의 권리를 보장해 줄 수 있는 담보대출만 투자유치를 받고, 담보대출 중에서도 서울·수도권·광역시 대출 채권에 대해서만 투자제안을 한다.

대부법인은 개인 투자자들의 투자금 제한은 없으며, 투자금액에
대한 권리를 보장하기 위해 근저당권 또는 근저당권부 질권으로 투
자자를 등기하고 있다.

P2P펀딩회사가 회사의 자산안정성과 부동산 담보의 자산안정성
을 홍보하여 투자모집을 하나, 실제 등기부상 P2P펀딩회사의 명의
만 근저당권을 설정하지 투자자들은 어떠한 내용으로도 등기되지 않
기에 법적으로 투자자들은 보호받을 수 없다. 투자자는 P2P펀딩회
사가 담보에 대해 설성한 근저당권에 대해 권리를 주장할 수 없었고,
담보에 대해 투자자들이 권리를 행사하려면 소송을 통해 근저당권에
대한 권리를 증명해야 했다. 그래서 P2P펀딩회사를 통해 투자하는
것은 안전하지 않다. 그래서 필자는 내 명의로 근저당권 설정 또는
근저당권부 질권설정을 통해 담보 부동산에 법적 권리를 가질 수 있
고, 개인 투자 한도가 없는 대부법인에게 투자했다. 필자는 대부법인
을 믿지 않았고 법적으로 등기된 나의 권리를 믿고 투자했다.

참고로 공무원들이 대부법인을 통해 투자를 해도 되는 것인가에
대한 질문으로 답은 투자를 해도 괜찮다. 다만, 이자 등 금융소득을
창출하기 위해 회사를 설립해 운영하여서는 안 된다.

해당 근거는 다음과 같다.

제25조(영리 업무의 금지)

공무원은 다음 각 호의 어느 하나에 해당하는 업무에 종사함으로써 공무원의 직무 능률을 떨어뜨리거나, 공무에 대하여 부당한 영향을 끼치거나, 국가의 이익과 상반되는 이익을 취득하거나, 정부에 불명예스러운 영향을 끼칠 우려가 있는 경우에는 그 업무에 종사할 수 없다.

1. 공무원이 상업, 공업, 금융업 또는 그 밖의 영리적인 업무를 스스로 경영하여 영리를 추구함이 뚜렷한 업무

2. 공무원이 상업, 공업, 금융업 또는 그 밖에 영리를 목적으로 하는 사기업체(私企業體)의 이사·감사 업무를 집행하는 무한책임사원·지배인·발기인 또는 그 밖의 임원이 되는 것

3. 공무원 본인의 직무와 관련 있는 타인의 기업에 대한 투자

4. 그 밖에 계속적으로 재산상 이득을 목적으로 하는 업무

02.
사금융에 대한 이해

이 투자를 위해서 먼저 사금융시장에서 대출이 이루어지는 과정을 이해할 필요가 있는데, 쉽게 설명하자면 대부법인은 은행 본점이라고 생각하면 된다. 돈을 내주고 채권을 관리하는 것이다. 은행의 창구 역할을 하는 것이 대부중개업자(중개모집인)이다. 중개모집인들은 대출을 필요로 하는 고객들을 모집해 대부법인에 연결해 준다. 대부법인은 대출을 실행하고 대부중개업자에게 3% 이내의 수수료를 제공한다. 이러한 이유로 투자자는 초기 투자 시 4.5% 수수료를 대부법인에게 내는데 이 중 3%는 중개모집인 수수료이고 1.5% 수수료는 채권추심, 심사비용 및 관리비용 명목으로 주어진다.

대부분 초기 투자자들의 의문은 1.5%의 수수료만 받고 대부법인에서 왜 굳이 개인 투자자들을 모집해서 투자유치를 받을까? 그 회사에게 1.5%로 수익이 날까 하는 의문이다. 대부법인에서도 이득이 있어서 투자유치를 하는 것은 당연할 것이다. 필자가 정확하게 대부법인에서 어떠한 부분에 이득이 있는지 알 수 없지만 제한된 정보 내에서 파악해 보았을 때 결론은 채권액을 많이 늘리기 위함이다.

보통의 대부법인들은 흔히 말하는 '쩐'주들이 있다. 사금융에서 소문으로 전해지는 대한민국의 개인 최대 '쩐'주는 현금자산이 5,000억 원이라고 전했는데 이러한 '쩐'주가 없는 대부법인들은 개개인 투자자들을 통해 채권을 발행하고 이러한 채권액을 늘림으로 대부법인들은 '쩐'주를 만들기 위한 자격요건을 갖추게 된다. 여기서 말하는 '쩐'주는 제2금융권 저축은행인데 대부법인들은 제2금융권으로부터 투자를 유치하기 위해 얼마의 채권을 발행했으며, 발행한 채권을 어떻게 관리했는지에 대한 재무능력과 자산관리 능력을 증명해야 한다. 이런 대부법인이 일정 자격요격을 갖춰 증명해 내면 제2금융권으로부터 일정 금액의 한도(100억 원 이상)를 연 6~8% 정도 이자로 사용할 수 있게 된다. 그때부터 대부법인은 진정한 사업에 이르게 되는 것이다. 대부법인은 저축은행으로부터 투자를 받기 위해 개인 투자자들이 필요한 것이고 이러한 이유로 GPL 투자자들은 투자기회가 생기는 것이다.

03.

대부법인 투자 합법인가?

원론적으로 대부업에 투자하는 행위가 합법인가에 대한 뻔한 답은 합법이다. 거의 대부분 사람들이 경매라는 용어에 대해 부정적인 이미지를 갖고 있듯이 대부업에 대한 이미지도 매우 부정적일 것이라 생각된다. 그러나 요즘 P2P펀딩을 통해 많은 젊은 사람들이 투자하고 있는 이 P2P펀딩회사 또한 대부업체임에도 불구하고 P2P펀딩에 대한 이미지는 매우 긍정적일 것이라 생각한다. 그럼에도 대부업법 인회사에 투자하는 것이 불법인가라는 이 질문에 아직도 고민이 되는 투자자가 있다면 눈앞에 보물상자를 두고도 열어 보지 못할 것이다. 빨리 머릿속에 뿌리 깊게 박힌 부정적 편견을 지우길 바란다.

사실 필자가 해당 투자를 하기 앞서 가장 고민했던 부분은 대부업 회사가 투자자를 모집하는 행위가 유사수신행위 저촉 여부였다. 이 유사수신행위는 불특정 다수인을 대상으로 원금 또는 그 이상의 수익을 보장한다며 자금을 모집하는 행위를 말한다. 실제 이 유사수신행위가 불법대부업체, P2P펀딩회사에서 꾸준히 발생하고 피해자도 속출하고 있어서 대부분의 사람들이 머릿속에 뿌리 깊게 박힌 부정적 편견을 없애기 쉽지 않을 것을 이해한다. 이러한 업체들은 고수익을 보장하며, 중금리보다 훨씬 높은 수익과 원금을 보장을 약속하고 불법적으로 자금을 모집한다. 이렇게 유사수신행위법에 의거 대부법인에서는 원금보장약정에 대한 내용을 포함하게 되면 법률위반으로 5년 이하의 징역 또는 5천만 원 이하의 벌금을 내야 한다. 이 내용 때문에 합법적으로 운영하는 대부법인 또는 P2P펀딩회사는 어떠한 원금보장을 홍보하지 않고 원금손실의 위험이 있음을 투자자에게 명시한다. 따라서 투자자도 투자로 인한 원금손실의 몫은 투자자에게 있다는 것을 명심해야 한다.

필자가 투자를 위해 공부하며 쉽게 풀리지 않았던 부분이 대부법인의 입장에서 투자자를 모집하는 행위가 유사수신행위법에 위법인가 하는 것이었다. 이와 같은 질문은 아래의 금융위원회 및 금융감독원에서 운영하는 금융규제민원 포털에 올라온 법령해석을 통해 해결되었다.

ㅇㅇNPL 투자 카페의 매니저로 활동하는 누군가 질의한 내용이다. 질의요지는 대부업을 영위하는 법인이 법인자금 차입을 위해 채권자에게 차입증서를 발행해 주고 손실의 위험을 최소화하기 위하여 담보를 설정해 주며, 원금에 대해 일정 비율의 이자를 지급하고 이자소득세를 원천징수한다. 그렇게 확보한 자금으로 타인에 대부하는

경우에 유사수신행위에 해당하는지 여부이다.

이와 관련한 문의에 대한 법령해석은 아래와 같다.

유사수신행위의 규제에 관한 법률(이하 '유사수신행위법')제2조 및 제3조에 의거 다른 법령에 따른 인가허가를 받지 아니하거나 등록신고 등을 하지 아니하고 불특정 다수인으로부터 자금을 조달하는 것을 업으로 하면서 원금보장약정 등을 하는 경우 유사수신행위법 위반으로 처벌된다.

위에 근거로 금융규제민원은 법령해석 회신으로 담보를 설정해 주면서 담보범위 내로 자금을 차입하는 행위는 유사수신에 해낭된다고 보기 어려우나 담보가치를 넘어서 차입하는 경우 유사수신행위에 해당될 가능성이 있다고 답변했다.

따라서, 대부법인이 차입을 위해 채권자에게 담보를 설정해 주면서 담보범위 내로 자금을 차입하는 행위는 유사수신행위라고 보기 어려워 대부법인은 위법행위를 한다고 보기 어렵다.

법령해석 회신문(190145)

질의 요지	대부업을 영위하는 법인이 법인자금을 차입(채권자에게 차입증서를 발행해 주고 손실의 위험을 최소화하기 위하여 담보를 설정해 주며, 원금에 대해 일정 비율의 이자를 지급하고 이자소득세를 원천징수하여 세무서에 납부)하거나 법인 회사채를 발급(채권자에게 사채를 발행하여 주고 원금에 대해 일정 비율의 이자를 지급하며 이자소득세를 원천징수하여 세무서에 납부)하여 확보한 자금으로 타인에 대부하는 경우에도 유사수신행위에 해당하는지 여부

회답	질의하신 내용으로 볼 때 담보를 설정해 주면서 담보범위 내로 자금을 차입하는 행위는 유사수신에 해당된다고 보기 어려우나 담보가치를 넘어서 차입을 하는 경우 유사수신행위에 해당될 가능성이 있습니다. 한편, 「상법」 등 관련법령에 따른 요건과 절차를 구비하여 회사채를 발급하는 행위는 유사수신행위에 해당된다고 보기 어려우나 관련 법령에 따른 인허가나 등록·신고 등을 하지 않고 회사채를 발행하여 자금을 수입하는 경우 유사수신행위에 해당될 가능성이 있습니다. 다만, 질의하신 내용만으로는 법 적용 요건을 상세히 알 수 없어 확정적으로 답변드릴 수가 없음을 양해 바랍니다. 유사수신행위 규제에 관한 법률 위반 여부는 수사기관 등이 당해 행위에 대한 구체적 사실관계를 확정한 후 최종적으로는 법원 등 사법당국이 동 행위의 영업성, 행위의 목적, 규모, 회수 기간, 태양 등 여러 사정을 종합적으로 고려하여 사회통념에 따라 판단하여야 할 사항임을 알려드립니다.
이유	「유사수신행위의 규제에 관한 법률」(이하 '유사수신행위법') 제2조 및 제3조에 따라 다른 법령에 따른 인가·허가를 받지 아니하거나 등록·신고 등을 하지 아니하고 불특정 다수인으로부터 자금을 조달하는 것을 업으로 하면서 원금보장약정 등을 하는 경우 유사수신행위법 위반으로 처벌됩니다. 대상회사의 경우 담보를 설정해 주면서 담보범위 내로 자금을 차입하는 행위는 유사수신에 해당된다고 보기 어려우나 담보가치를 넘어서 차입을 하는 경우 유사수신행위에 해당될 가능성이 있습니다. 한편, 「상법」 등 관련법령에 따른 요건과 절차를 구비하여 회사채를 발급하는 행위는 유사수신행위에 해당된다고 보기 어려우나 관련 법령에 따른 인허가나 등록·신고 등을 하지 않고 회사채를 발행하여 자금을 수입하는 경우 유사수신행위에 해당될 가능성이 있습니다. 다만, 질의하신 내용만으로는 법 적용 요건을 상세히 알 수 없어 확정적으로 답변드릴 수가 없음을 양해바랍니다.

※ 금융규제민원포털 법령해석 및 비조치의견서의 회신현황 원문내용(19. 06. 17)

04.
채무자의 채무조정제도
(워크아웃, 개인회생 및 파산면책)

채무조정제도는 빚이 너무 많아 정상적으로 상환하기 어려운 채무자를 대상으로 상환기간 연장, 분할상환 이자율 조정, 상환유예, 채무감면 등의 방법으로 상환조건을 변경하여 경제적으로 재기할 수 있도록 지원하는 제도이다.

채무조정제도는 법원에서 운영하는 제도와 신용회복위원회에서 운영하는 제도로 나누어져 있다. 법원에서 운용하는 채무조정 제도는 개인회생 제도와 파산면책제도가 있고, 신용회복위원회에서는 크게 개인워크 아웃과 프리워크 아웃 그리고 신속재무조정제도가 있다. 추가로 GPL 투자자들이 알고 넘어가야 할 제도 중 하나로 신용회복위원회에서 운용하는 주택담보 채무조정프로그램이 있다. 이 제도들을 살펴보고 GPL 투자자들에게 RISK가 될 만한 부분이 있는지 살펴보자.

신용회복위원회

연체전 채무조정 (신속채무조정)	이자율 채무조정 (프리워크아웃)	채무조정 (개인워크아웃)
채무를 정상 이행중이거나 1개월 미만 단기 연체중인 채무자에 대한 신속한 채무조정 지원으로 연체 장기화를 방지	1~3개월 미만 단기 연체채무자에 대한 선제적 채무조정을 통해 연체 장기화를 방지	3월 이상 장기 연체 채무자에 대한 채무조정 프로그램으로 신용회복과 경제적 회생을 지원

법원

개인회생	파산면책
가용소득 범위 내에서 일정기간 동안 채무를 변제한 뒤 잔여채무는 면책하는 법원의 결정	채무 상환능력이 없는 한계채무자에 대해 파산면책 결정을 통해 채무 상환 책임을 면제하는 법원의 결정

※ 출처: 신용정보위원회

    신용회복위원회에서 운영하는 채무조정 제도는 신용회복지원협약을 체결한 금융회사 채무를 조정하는 사적채무조정제도이다. 각각의 채무조정제도는 신청 자격별로 상이하며 지원하는 내용도 다르고 제도별 세부적인 내용은 신용회복위원회 홈페이지에서 확인할 수 있다. 필자가 해당 내용을 언급하는 이유는 무담보채권의 경우 원금 및 이자 감면과 상환기간 연장 등이 가능한 반면, 담보채권의 경우 연체이자만 감면 가능하고 무담보 채권과 같이 상환기간 연장 등이 가능하다. 또한 이러한 조정이 가능하려면 채권자들의 과반수가 동의할 때만 가능하다.

    이러한 제도들이 GPL 투자자들 입장에서는 무담보채권(신용채권)

보다 회수가 용이하다는 것을 알 수 있고 이미 약정이자가 제1금융권, 제2금융권보다 금리가 높게 측정된 상황에서 연체이자만 감면하였을 때 채무자입장에서는 크게 변화되는 것은 없으므로, 해당 채무를 빠르게 변제하려고 할 것이다.

그리고 해당 신용회복위원회의 채무조정제도의 경우 채권자가 신용회복지원협약을 체결한 금융회사들 간에서만 이루어진다는 것을 알아야 한다. 현재 신용회복지원협약을 맺은 대부업체는 1,543개 업체로 대부중개업을 제외한 등록대부업체 7,273건 중 21%만 협약을 맺고 있다. 해당 협약 체결 금융회사는 신용회복위원회 홈페이지에서 검색이 가능하다.

추가로 최근 신용회복위원회에서 주택담보대출 연체 서민차주의 주거안정과 재기를 위해 주담대 연체 서민차주의 채무 조정 지원강화 방안을 시행했다. 이는 한계차주에 대해 담보권 실행 유예 등 채무조정 지원을 신용회복위원회에서 실시하고 신용회복위원회 거절 차주의 채권을 캠코가 매입하여 채무조정 및 해당 주택을 임차거주 지원을 한다는 내용이다. 해당 방안의 추진 배경이 흥미로운데 주택담보대출은 채권자가 담보권 행사로 채권회수가 가능하여 채무조정을 협의하기가 곤란하여 추진되었다는 것이다.

세부적인 내용으로 신용회복위원회에서 담보권 실행 유예로 연체이자 전액 감면, 유예기간 이자율 조정(한국은행 기준금리+2.25%p 이내) 매 6개월 단위로 최장 1년간 담보권 실행 유예를 지원한다. 그리고 채무조정 특례로 연체이자 전액 감면 이자율 조정 최장 5년간 거치(이자만 납입), 최장 35년 원리금균등분할 상환을 지원한다. 이는 주택담보대출을 보유한 채권금융회사가 심의로 의결된 주담대 채무조정안에 대하여 동의 여부를 결정하고 채권액 기준 과반 이상 동의 시 채무조정이 가능하다. 이후 신용회복위원회에서 거절된 서민 차주의 신청 등에 따라 캠코가 은행으로부터 연체 채권을 매입하여 채무조정 지원 또는 주택매각 후 임차거주프로그램을 지원한다.

신용회복위원회가 캠코와 연계한 채무조정 프로그램은 2020. 3. 2.부터 시행하고 있으며 현재 제1금융권 금융회사들만 적용하고 있고 2020년 중 은행권 운용추이를 보며 주담대를 취급하는 제2금융권까지 순차적으로 확대 적용할 것으로 보인다.

신용회복위원회 채무조정절차

신청인
상담 및 접수

위원회
금융회사 앞 접수사실 통지

→ 금융회사 추심중단

금융회사
채권계산서 제출

기각 사유 해소 후 재신청

부결

위원회
채무조정안 심사
심의위원회 의결

→ 채무감면 이자율 조정 상환기간 조정 변제유예 등

가결

부동의

금융회사
동의 여부 회신

동의

신청인
확정자 교육 및 채무조정합의서 체결

변제계획에 따라 매월 상환

3개월 이상 납입지연
변제조건 미이행

실 효
연체정보 재등록
채무조정 이전으로 환원

신용회복
완료

→ 일정기간 성실상환시
소액신용대출
신용카드발급 등 지원

※ 출처: 신용회복위원회

개인 회생제도는 법원에서 집행하는 채무조정제도로서 재정적 어려움으로 인하여 파탄에 직면하고 있는 개인 채무자로 장래에 계속적으로 또는 반복하여 수입을 얻을 가능성이 있는 채무자에 대하여 채권자 등 이해관계인의 법률관계를 조정함으로써 채무자의 효율적 회생과 채권자의 이익을 도모하기 위하여 마련된 절차이다. 총 채무액이 무담보 채무의 경우에는 5억 원, 담보부채무의 경우에는 10억 원 이하인 개인채무자가 신청할 수 있으며 개인회생을 하게 되면 3년간 일정한 금액을 변제하면 나머지 채무의 면제를 받을 수 있는 절차이다.

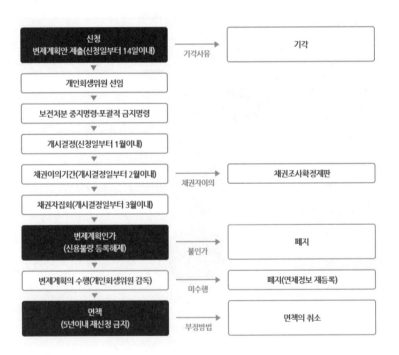

필자가 보기에 대한민국은 빚지고 합법적으로 빚 안 갚기 좋은 나라인 것 같다는 생각이 들 정도이다. 하지만 결론적으로 개인회생인 경우에도 담보권을 갖고 있는 근저당권자들은 해당하지 않는다. 즉 GPL 투자자들은 해당사항이 없는 것이다. 단지 개인회생 개시 결정 전까지 채무자의 개인회생 경매 중지명령 신청으로 경매 법원에서 경매 일시적 중지가 가능할 뿐이다.

개인회생 개시 결정이 난 후에는 개시 결정을 원인으로 경매 법원에 중지가 가능한 데, 이는 강제경매일 경우에만 가능하다. 이러한 이유는 강제경매 채권자들은 일반채권자로 포함되어 있어 채권자는 임의로 채무자에 대하여 채권 회수를 하지 못하고 개인회생에서 변제를 받게 된다.

반대로 담보권이 있는 근저당권자는 일반 채권자가 아닌 별제권부 채권자이다. 별제권자는 개인회생과는 별개로 채무자의 재산에 대하여 강제집행을 하여 담보로 설정된 채권을 회수할 수 있다. 따라서 근저당권자가 별제권으로 담보권을 실행하여 신청한 경매는 취하 불가능하다. 이는 담보 채권자 권리를 보호받아야 하기 때문이고 단지 일시적인 중지만 가능할 뿐이다.

별제권은 개인회생자와는 별개라고 생각하면 쉽고 행여 설정된 금액을 다 반환받지 못할 경우에 별제권부 채권자는 나머지의 금액을 미확정 채권 유보하여 개인회생 기간 적립된 금액을 일반채권자들과 안분(채권비율로 균등하게)배당받게 된다.

단지 개인회생 개시 결정 이전에 경매중지를 통해 채무자가 얻는 이점은 경매진행 기간 동안 시간을 벌어 연체된 원리금에 대한 상환 가능성을 만드는 것뿐이지만, 중지되는 동안에도 이자는 정상적으로 산정된다는 것을 알아야 한다. 이러한 개인회생은 담보권 채권이 아닌 그 외 채권 등으로 강제경매나 압류에 대한 중지를 가능하게 하고 나아가 개인회생 시 압류해제나 취하가 가능하기 때문에 채무자에게는 채권추심에서 합법적으로 벗어나는 방법이 될 수 있다.

개인워크아웃과 개인회생 한눈에 보기

구분	개인워크아웃	개인회생
운영주체	신용회복위원회	법인
대상채권	협약체결 금융기관보유 채권	제한 없음(사채 포함)
채무범위	담보채무 15억 원/ 무담보 채무 5억 원	개인워크아웃과 동일
대상채무자	연체 기간 3개월 이상	일정 소득 증빙 가능한 과다 채무자
보증인에 대한 효력	보증인에 대한 채권추심 불가	보증인에 대한 채권 추심 가능
장점	- 신청절차 간편 - 급여가 압류된 경우 압류를 해체함으로써 정상적 급여수령 가능 - 채무기간 중 긴급상황 발생 시 재조정을 통한 상환계획 변경 가능 - 신청채무자를 시장의 실패자로 보는 사회적 낙인이 거의 없음	- 사채 포함한 모든 채무 신청 가능 - 채무액의 크기 상관없이 가용소득을 최장 5년간 채무 상환 시 잔여채무의 상환의무 면제 - 파산에 비해 신분상 불이익이 없음

단점	- 개인회생이나 파산에 비해 상환 부담이 클 수 있음 - 대부업체 채무 및 개인사채는 채무조정이 어려움	- 신청절차가 복잡하여 스스로 신청하기 어렵고, 전문가 조력을 받는 데 많은 비용 필요 - 보증인에 대해서는 개인회생 인가의 효력이 없음

※ 참조: 신용회복위원회

개인 파산 및 면책이란 채무자가 개인사업 또는 소비활동의 결과 자신의 재산으로 모든 채무를 변제할 수 없는 상태에 빠진 경우에 그 채무의 정리를 위하여 스스로 파산신청을 한 경우에 개인 파산이라고 한다. 면책은 파산절차를 통해 변제되지 않고 남은 채무에 대하여 채무자의 변제 책임을 면제시키는 것으로 채무자의 경제적 갱생을 도모하는 것이다. 이 제도의 주된 목적은 모든 채권자가 평등하게 채권을 변제받도록 보장함과 동시에 채무자에게 면책절차를 통하여 남아 있는 채무에 대한 변제 책임을 면제하여 경제적으로 재기 할 수 있는 기회를 부여하는 것이다. 파산절차를 밟게 되면 법원은 청산절차를 밟게 되는데 이 청산이 완료되면 법원은 면책허가결정을 한다. 면책허가가 확정되면 채무자는 공·사법상의 신분상 제한이 소멸되고 채무자는 파산채권을 변제하여야 하는 책임을 면하게 된다. 면책결정(일부면책은 제외)이 확정되면 한국신용정보원 신용정보관리규약 제6조 제5항에 의하여 "연체 등" 정보는 해제가 되나, 파산으로 인한 면책결정 사실이 특수기록정보로 7년간 등록된다.

면책결정이 확정되면 법원은 한국신용정보원에 면책결정 확정통지를 하게 되므로 이를 통하여 면책결정 확정 후 채권 금융기관은 추심행위는 할 수 없다. 또한 면책결정이 확정된 이후 파산채권자가 면책된 사실을 알면서 채무자의 재산에 대하여 강제집행, 가압류 또는 가처분을 한 경우에는 채권자를 금 500만 원 이하의 과태료에 처할 수 있게 된다.

그러나 파산의 경우에도 면책은 파산채권자가 채무자의 보증인, 기타 채무자와 더불어 채무를 부담하는 자에 대하여 가지는 권리 및 파산채권자를 위하여 제공한 담보에는 영향을 미치지 아니하며 보증인은 면책과 상관없이 자신의 보증채무를 변제하여야 한다. 그러나 보증인은 보증채무를 변제하더라도 면책받은 채무자에게 구상권(대신 갚은 돈의 청구)을 행사할 수 없다.

05.

최대의 리스크,
대출 이후에 임차인이 들어오면?

만약 대출 이후에 임차인이 들어오는 경우는 없을까?

경매에서 임차인 권리분석이 중요한데 임차인이 있는 집일 경우이 임차인의 대항력 유무에 따라 경매 낙찰가가 달라진다. 임차인의 보증금을 전액을 인수하여 보상하거나 임차인이 배당받지 않은 보증금 일부분에 대해 보상해야 하는 경우가 생긴다. 하지만 이러한 경우에 GPL 투자자의 경우 위에서 살펴본 바와 같이 임차인확인서, 가족구성원이 아닌 다른 세대가 들어와 있는 경우에는 무상임대차 확인서 등을 받아 이러한 문제발생의 여지를 처음부터 배제하고 투자를한다.

그러면 GPL 투자자의 경우 임차인으로 문제가 발생할 여지가 없을까라고 물어본다면 그 정답은 '있다'이다. 이 경우가 투자 이후 소액임차인이 들어와 최우선변제을 갖게 되는 경우이다. 최우선변제권은 소액임차인을 보호하기 위한 법적 장치 중 하나로 소액임차인이 경매 사건의 배당절차에서 다른 채권자보다 최우선하여 보증금 중 일정 금액을 돌려받을 수 있도록 한 권리이다. 이 최우선변제권은 전입 및 확정일과 상관없이 법에서 정한 소액보증금에 해당하는 임차인에게 최우선적으로 배당받을 수 있게 한다.

이는 사회적 약자를 보호하기 위한 제도인데, 사회적 약자 입장에서는 이미 근저당권이 설정되어 있는 집이라도 임대금액이 비교적 싼 집을 임대하여 들어가는 것이 현실이다. 그리고 이 사회적 약자에게는 임대를 위한 보증금이 전 재산인 경우가 많아 이들의 재산을 보호하기 위해 해당 제도가 생겼다.

그렇지만 이러한 소액임차인도 일정한 요건을 충족해야 최우선변제금을 받을 권리가 주어진다.

1. 경매기입등기 이전에 대항력(부동산의 점유와 전입신고)을 갖춘다. 이때 확정일자는 갖추지 않아도 된다.
2. 보증금의 액수가 주택 임대차 보호법에서 정한 '소액보증금의 범위'에 해당한다.
3. 배당요구 종기일 이내에 배당요구하고, 종기일까지 대항력 요건을 유지

위와 같은 요건을 갖춘 임차인은 임차보증금 범위에서 일정 보증금을 최우선 변제받을 수 있다.

소액보증금의 범위와 최우선변제금액은 주택 임대차보호법에 의거해서 대항력을 갖춘 소액임차인이 최우선변제를 받기 위한 범위를 정하고 있다. 또한 최우선 변제금액은 경락가액의 2분의 1을 넘지 못한다. 임차인이 임대차보호법에 의거 변제받을 최우선변제금이 4천만 원 경우 만약 낙찰가가 6천만 원일 때 3천만 원만 변제받을 수 있다.

2010. 7. 26. ~	서울특별시	7,500만 원 이하	2,500만 원
	수도권정비계획법에 따른 과밀억제권역 (서울특별시 제외)	6,500만 원 이하	2,200만 원
	광역시(수도권정비계획법에 따른 과밀억제권역에 포함된 지역과 군지역 제외), 안산시, 용인시, 김포시 및 광주시	5,500만 원 이하	1,900만 원
	그 밖의 지역	4,000만 원 이하	1,400만 원
2016. 3. 31. ~	서울특별시	9,500만 원 이하	3,200만 원
	수도권정비계획법에 따른 과밀억제권역 (서울특별시 제외)	8,000만 원 이하	2,700만 원
	광역시(수도권정비계획법에 따른 과밀억제권역에 포함된 지역과 군지역 제외), 안산시, 용인시, 김포시 및 광주시	6,000만 원 이하	2,000만 원
	그 밖의 지역	5,000만 원 이하	1,700만 원
2018. 9. 18. ~	서울특별시	1억 1천만 원 이하	3,700만 원
	수도권정비계획법에 따른 과밀억제권역 (서울특별시 제외), 용인시, 세종특별자치시, 화성시	1억 원 이하	3,400만 원
	광역시(수도권정비계획법에 따른 과밀억제권역에 포함된 지역과 군지역 제외), 안산시, 김포시, 광주시 및 파주시	6,000만 원 이하	2,000만 원
	그 밖의 지역	5,000만 원 이하	1,700만 원

※ 과밀억제권역 2017. 6. 20.~
- 서울특별시
- 인천광역시(강화군, 옹진군, 서구 대곡동·불로동·마전동·금곡동·오류동·왕길동·당하
  동·원당동, 인천경제자유구역(경제자유구역에서 해제된 지역을 포함한다) 및 남동 국가산업
  단지는 각 제외)
- 경기도 중 의정부시, 구리시, 남양주시(호평동, 평내동, 금곡동, 일패동, 이패동, 삼패동, 가운
  동, 수석동, 지금동, 도농동만 해당), 하남시, 고양시, 수원시, 성남시, 안양시, 부천시, 광명시,
  과천시, 의왕시, 군포시, 시흥시[반월특수지역(반월특수지역에서 해제된 지역 포함) 제외]

예를 들면 경기도 구리시에 임차인이 전세로 5,000만 원에 들어왔
는데 해당 집이 경매로 넘어가면 2,200만 원 한도 내에서 최우선적
으로 변제를 받을 수 있다.

GPL 투자 시 투자한 담보에 소액임차인이 들어오게 되면 자신의
원금까지 손실이 될 여지가 있다. 그런데 이는 소액임차인의 경우도
동일하다. 채무가 많은 집에 임대를 들어와 해당 집이 경매로 넘어갈
경우 자신의 보증금 또한 보장받을 수 없기에 보통의 경우 임차인은
담보물에 채무가 많이 설정되어 있는 집에 임대인이 들어오는 경우
는 매우 드물다.

만약 위와 같은 상황임에도 임대를 들어오는 경우가 간혹 있는데
이 임차인이 거짓 임차인일 가능성이 있다는 것을 알아야 한다. 소
액임차인 최우선변제를 악용해서 채무자가 가족 또는 주변인을 통해
해당 요건을 맞추어 거짓 소액임차인을 내세우는 경우가 있다. 이럴
경우 해당 임차인이 거짓임차인이라는 것을 소송을 통해 해결해야

하고 이 임차인이 실제 점유를 통해 소액임차인 요건을 충족하는지, 실제 임대차거래가 정상적으로 이루어진 것인지 또한 법 취지에 맞게 이 임차인이 사회적 약자인지를 밝혀 문제를 해결해야 한다.

실제로 해당 관련 채무자가 소액임차인을 악용해 사해행위취소행위로 간주 받은 대법원 판례들이 많이 있다. 다음은 해당사례들의 대법원 판례이다.

대법원 2003다50771 판결 요지

[1] 주택임대차보호법 제8조의 소액보증금 최우선변제권은 임차목적 주택에 대하여 저당권에 의하여 담보된 채권, 조세 등에 우선하여 변제받을 수 있는 일종의 법정담보물권을 부여한 것이므로, 채무자가 채무초과상태에서 채무자 소유의 유일한 주택에 대하여 위 법조 소정의 임차권을 설정해 준 행위는 채무초과상태에서의 담보제공행위로서 채무자의 총재산의 감소를 초래하는 행위가 되는 것이고, 따라서 그 임차권설정행위는 사해행위취소의 대상이 된다고 할 것이다.

[2] 주택임대차보호법 제8조의 소액보증금 최우선변제권 보호대상인 임차권을 설정해 준 행위가 사해행위인 경우, 채무자의 악의는 추정되는 것이고, 수익자인 임차인의 악의 또한 추정된다고 할 것이나, 다만 위 법조 소정의 요건을 갖춘 임차인에 대하여 선행의 담보권자 등에 우선하여 소액보증금을 회수할 수 있도록 한 입법 취지에 비추어 보면, 위 법조 소정의 임차권을 취득하는 자는 자신의 보증금 회수에 대하여 상당한 신뢰를 갖게 되고, 따라서 임대인의 채무초과상태 여부를 비롯하여 자신의 임대차계약이 사해행위가 되는지에 대하여 통상적인 거래행위 때보다는 주의를 덜 기울이

게 될 것이므로, 수익자인 임차인의 선의를 판단함에 있어서는 실제로 보증금이 지급되었는지, 그 보증금의 액수는 적정한지, 등기부상 다수의 권리제한관계가 있어서 임대인의 채무초과상태를 의심할 만한 사정이 있었는데도 굳이 임대차계약을 체결할 사정이 있었는지, 임대인과 친인척관계 등 특별한 관계는 없는지 등을 종합적으로 고려하여 논리와 경험칙을 통하여 합리적으로 판단하여야 한다.

대법원 2013다62223 판결 요지

甲이 아파트를 소유하고 있음에도 공인중개사인 남편의 중개에 따라 근저당권 채권최고액의 합계가 시세를 초과하고 경매가 곧 개시될 것으로 예상되는 아파트를 소액임차인 요건에 맞도록 시세보다 현저히 낮은 임차보증금으로 임차한 다음 당초 임대차계약상 잔금지급기일과 목적물인도기일보다 앞당겨 보증금 잔액을 지급하고 전입신고 후 확정일자를 받았는데, 그 직후 개시된 경매절차에서 배당을 받지 못하자 배당이의를 한 사안에서, 甲은 소액임차인을 보호하기 위하여 경매개시결정 전에만 대항요건을 갖추면 우선변제권을 인정하는 주택임대차보호법을 악용하여 부당한 이득을 취하고자 임대차계약을 체결한 것이므로 주택임대차보호법의 보호대상인 소액임차인에 해당하지 않는다고 본 원심판단을 수긍한 사례.

대법원 2015 가단 214120판결 요지

甲 주식회사가 乙에 대한 대여금 채권의 담보를 위하여 乙 소유의 아파트에 근저당권설정등기를 마친 후 丙이 乙과 아파트임대차계약을 체결하고 확정일자를 받았는데, 그 후 아파트에 관하여 임의경매가 진행되어 소액임차인 丙에게 1순위로 매각대금을 배당하는 내용의 배당표가 작성되자 甲 회사가 이의

한 사안에서, 임차인이 임차부동산에 선순위 담보물권이 있어 조기에 경매될 가능성이 높음을 알고서도 소액임대차보증금의 최우선 변제제도를 악용하여 소액의 임대차보증금만을 지급하고 부동산을 임차하고, 임대인 역시 임대차보증금을 지급받아 자신이 취득한 뒤 부동산이 경매되면 선순위 담보물권자가 배당받아야 할 금원에서 임대차보증금이 공제되도록 할 목적으로 부동산을 임대하는 경우에까지 주택임대차보호법 제8조의 보호를 받는 것은 아닌데, 제반 사정에 비추어 丙은 아파트에 경매가 개시될 것을 충분히 예상하면서도 임대인 乙과 공모하여 부당한 이득을 취하기 위하여 임대차계약을 체결하였으므로 주택임대차보호법에서 보호하는 소액임차인에 해당하지 아니한다고 한 사례.

판례를 통해 알아보았듯이 거짓 소액임차인의 경우 배당이의의소를 통해 해결하였는데 세 판례 모두 채무자가 해당 담보물에 과도한 채무상태로 경매가 개시될 것을 예상한 상태에서도 임대인과 공모하여 주변 시세와 다르게 소액임대차 최우선변제 금액 한도 내로 보증금이 설정되어 있는 경우 주택임대차보호법상 소액임차인 보호규정을 적용받을 수 없다고 보고 있다는 것이다. 또한 이러한 사해행위는 형법 제315조에 의거 경매·입찰 방해죄에도 해당될 수 있는 사항으로 해당 범죄의 경우 2년 이하 징역 또는 7백만 원 이하의 벌금에 처해진다.

따라서 만에 하나 투자가 이루어진 이후 소액임차인이 생길 경우 채무자와 임차인에게 위와 같은 판례를 통해 임차사실이 거짓일 경우 경매·입찰 방해죄로 고발하겠다고 압박해 해결이 될 수 있을 것이라 판단된다. 그럼에도 해결이 되지 않을 경우 배당이의의소를 통해 해결하면 될 것이다.

PART 08

실전투자

01.

GPL 아파트 담보대출 실전투자

앞에서 언급했지만 필자는 P2P펀딩회사를 통해 후순위 담보대출 투자를 하지 않고 대부업법인회사를 통해 투자하였다. 그 이유는 앞서 설명한 대로 법적인 안전장치가 없는 것이 제일 큰 이유였고, 그 다음 이유는 투자금액이 제한됐기 때문이다.

항목	내용	
대상지역	서울·수도권 대상의 아파트	
담보평가	KB시세, 실거래가, 경락 통계값	
대출한도	LTV 기준 ~85%	
대출금리	18~22%/연체이자 약정이자+3% 최대 24%	
	대부사업자	개인 투자자
근저당권 설정	사업자 명의	없음
질권설정	없음(유동화가능)	투자자 명의
채권관리	자체관리	당사관리

중개수수료	4%	4.5%
이자소득세	비과세	27.5%
세금	법인세(법인)/종합소득세(개인)	종합소득세

대부업법인회사를 통한 실전투자 방법에는 여러 가지가 있겠지만 간단하게, 대부업법인회사에 직접 연락해 투자가능 여부를 물어보고 투자하는 방법, 투자자를 유치하는 대부법인회사에게 투자하는 방법이 있다.

어떤 대부업법인회사들은 P2P펀딩회사처럼 근저당권 설정 및 질권설정 없이 수익증서를 통한 투자유치를 하는 경우도 있다. 이러한 경우 신뢰도가 매우 높은 법인이나, 지인이 운영하는 법인일 경우 투자할 수는 있겠지만, 투자금액을 담보해 주는 안전장치가 없기에 필자는 추천하지 않는다.

GPL 투자자들은 필자가 앞서 말한 대로 법적으로 권리를 보장받을 수 있는 담보권리를 설정해 주는 대부법인을 우선적으로 찾고 투자자들에게 선택의 폭을 다양하게 제공하는 투자처를 발굴해야 한다. 이런 대부법인들을 발굴하기 위해서 필수적으로 알아봐야 할 요소들과 부가적인 요소들은 무엇이 있을까?

1. 합법적으로 운용하는 등록된 대부업체인지 확인하기(필수)
2. 근저당권 등기 또는 근저당권부 질권 부기등기 가능여부(필수)
3. 선순위 채권 설정을 배제하기 위한 서류 청구여부(필수)
4. 조기상환 시 수수료에 대한 환불 여부(필수)
5. 원금손실 시 일정금액에 대한 보장 여부(+)
   (원금을 전액 보장하는 법인은 유사수신행위로 불법이다.)
6. 절세 방안에 대한 조언 여부(+)
7. 부실채권 매각가능 여부(+)
8. 경매 진행업무 가능 여부(+)

위의 조건들을 모두 충족하면 좋겠지만 (필수)사항에 부합하는 조건을 충족하는 회사에는 필자가 판단하기에 투자를 하여도 좋다. (+)표시에 대해서는 부가적인 부분으로 투자자입장에서 채권관리가 수월해지고 추가절세를 통한 이익을 낼 수 있으니 참고하자.

해당 조건들을 모두 충족하는 대부법인을 찾는 방법은 우물에서 바늘 찾기와 같은데 해당 조건을 갖춘 대부법인 정보를 얻을 수 있는 곳들이 있다.

추가적으로 필자가 이야기했던 내용들에 대해 좀 더 심화적이고 체계적으로 공부하고 싶다면 여러 카페를 통해 정보를 얻을 수 있으니 참고하자.

담보분석표

투자금액 : **28300**만원   월예상수익 : **448**만원

주 소	서울특별시 중랑구 신내동 817 데시아포레아파트 207동 ***호
주변여건	서울새솔초, 신내역, 서울중랑경찰서

담보비율(LTV)   **84.55** %

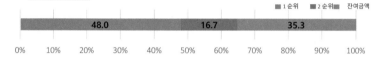

■ 1순위 ■ 2순위 ■ 잔여금액

| 48.0 | 16.7 | 35.3 |

0% 10% 20% 30% 40% 50% 60% 70% 80% 90% 100%

담보물건 요약

단위 : 만원

평균 KB시세가 (하위/상위)	57125 55250 59000	매매가액 (월세/전세)	55000-65000 0 / 36000
1순위 대출 (설정금액)	20000 (농협은행) 24000	2순위 대출 (설정금액)	28300 (****대부) 36790
잔여금액	8825	자금용도	후순위 대환 및 생활 자금
전용면적	84.91㎡(26평)	대지면적	117.77㎡(36평)
세대수	1896세대	매각가율 (최근3개월)	100.10%
실거래가 (매매가/층수)	56900 / 15	58900 / 12	

차주정보

신세계본점 프리랜서 280~300 통장소득 / 남편 컴퓨터 보안서버 A/S 월 400-500소득

채권보존방법

◆ 국세납부증명원, 지방세납부증명원, 전입세대 열람확인원, 지방세세목별과세증명원, 사실증명원(당해세 체납여부확인)

◆ 여신품의서, 대출거래약정서(금전소비대차약정서), 전입세대확인서, 근저당권설정계약서,대위변제신청서, 대위변제동의서, 개인신용정보 활용동의서, 가등기설정계약서, 기타

투자자는 대부업회사가 합법적인 회사인지를 확인하고 대부업회사에서 제안하는 투자 물건에 대해 분석하면 된다. 투자자들은 회사에게 투자의사를 밝히게 되면 담보분석표를 제공받게 된다. 아래는 투자자가 위 그림과 같은 담보분석표를 받아 보면 확인해야 할 CHECK LIST이다.

1. 투자금액 및 투자수익률 확인

   가능 투자금액 인지 확인하고 해당 수익률 확인

2. KB시세가를 확인

   해당 분석표의 KB시세가 정확한지 RECHECK!

3. 해당 등기부등본 확인

   선순위 설정금액 및 대출금액 RECHECK!

4. 경매 사이트 매각가율 확인

   해당 지역 내 또는 동일 아파트 단지 내 매각가율 RECHECK!

5. 차주정보 및 소득내용 확인

위 5가지가 최우선적으로 확인해야 할 사항이다. 실제 투자 물건을 소개받은 투자자들의 경우 보통 1분에서 5분 내로 투자 결정이 이루어져 빠른 검토가 필요하다.

낙찰예상가 및 예상배당표

단위 : 만원

KB 시세	매각가율	1순위 원금	1순위 11개월이자	2순위 원금	2순위 11개월 이자	잉여금 (소유자배당)
57125	57182	20000	1175	28300	5629	2078

◆ 채무자가 이자연체 3개월 이상 지연된다면 "기한의 이익 상실 및 부동산 임의 경매" 신청된다.
◆ 경매진행시 2차 낙찰된다고 예상한다면 배당일까지 11개월(330일)정도 소요된다.
◆ 그러나 대부분 채무자는 급매로 인근 부동산에 내놓아 2순위 대출의 원금과 이자를 상환한다.

방어입찰(직접입찰)로 낙찰 받아 매매시 시세차익

단위 : 만원

직접입찰가 (방어입찰가)	직접입찰률 (방어입찰률)	시세차익
55104	96%	2021

  추가로 확인해야 할 것은 경매 진행 시 방어입찰가 산정과 예상 배당표 작성을 통해 11개월 뒤에도 안전하게 배당을 받을 수 있는지 확인해야 한다. 더 나아가 경매가 진행되어 채권자가 배당 시 채무자에게는 잉여자금이 어느 정도 남는지도 확인해야 한다. 만에 하나 경매가 11개월 이상 지속되었을 때를 고려해야 하기 때문이다.

  앞서 보았던 내용들을 검토 후 투자자는 회사에게 투자의사를 밝히면 된다. 해당 회사로부터 연락이 오고 대부회사에서는 진행에 필요한 자료를 요청한다. 투자자는 개인 또는 대부업자로 투자할지 선택과 투자자의 통장계좌번호와 등기할 투자자의 주민등록증 사본 또는 사업자등록증 그리고 연락처 등을 첨부해 제출하면 된다.

이후 회사에서는 채무자에게 자필서류를 받기 위한 일자를 결정하고 투자자에 통보하며 해당 기일에 채무자에게 서류를 징구해 투자자에게 통보한다. 이후 개인 투자자일 경우 대부법인이 근저당권자, 투자자는 근저당권부 질권자로 설정하여 등기하고, 대부업자의 경우 근저당권설정자로 설정해 등기를 접수하고 해당 접수내용과 접수번호를 투자자에게 전송한다.

투자자는 인터넷등기소에서 등기접수번호를 조회하면 해당 접수번호가 확인이 가능하고, 접수내용을 확인해 투자자는 등기목적에 맞게 잘 접수되었는지 확인한다. 이후 투자금액과 수수료(4.5%)를 포함하여 해당 회사에 송금하게 된다.

	접수일자	접수번호	관할등기소	계	부동산소재지번	등기목적	처리상태	국민주택채권매입(환급)액	신청구분	등기필정보 등 교부상태
1	2019-08-02	84829		등기1계		근저당권말소	접수완료	없음	이폼	미출력
2	2019-08-02	84828		등기1계		질권설정	접수완료	없음	이폼	미출력
3	2019-08-02	84827		등기1계		근저당권설정	접수완료	없음	이폼	미출력
4	2019-08-02	84907		등기1계		등기명의인표시변경	조사대기	없음	전자신청	미출력

투자자는 투자금을 송금한 이후 등기등록이 정상적으로 되고 있는지 인터넷등기소에서 부동산등기를 확인하면 된다. 이후 등기가 완료되면 해당 등기필증 원본 및 기타 서류들을 투자자에게 발송해 주고 투자자는 해당 서류들을 확인하여 잘 보관하면 된다.

투자 진행 중 투자자가 확인해야 할 사항은 딱히 없다. 이자납부일 통보 및 해당 투자 관련 채권업무는 대부업회사에서 수행해 주고 이자가 미납되거나 채무자가 부재중일 경우 투자자에게 연락이 온다. 정상적으로 해당 일자에 이자가 납부가 되면 대부법인에서 세금을 원천징수하고 나머지 금액을 투자자에게 송금한다.

투자가 종료되면, 등기 말소를 해야 하는데 등기 말소는 투자자만 할 수 있다. 왜냐하면 대부법인에서 근저당권 등기필증 및 근저당권부 질권 등기필증 원본이 투자자에게 있고, 해당 필증에 인증번호가 있는데 해당 인증번호를 등기소에 인증해야만 해당 등기의 말소가 가능하기 때문이다.

투자 이후 투자자가 해야 할 사항은 연 2,000만 원의 이상의 이자소득세가 있을 경우에는 2,000만 원의 추가 이자소득을 종합소득세 신고하는 것이다. 2,000만 원의 이하의 소득은 이자소득세를 원천징수하고 투자자에 입금하기에 종합소득세 신고는 신경 쓰지 않아도 된다.

02.

투자사례 파헤치기

하나하나의 실사례를 분석하면 하나같이 투자수익률은 매우 높고 안정적이라는 것은 똑같다. 필자는 분량을 늘리기 위한 의미 없는 숫자 분석보다는 그들이 투자하는 이유가 무엇인지 살펴보는 게 더 좋을 것 같아 그들이 어떠한 이유로 투자를 시작하고 투자 시 어떠한 마인드로 투자하고 있는지 사례를 통해 살펴보자.

1) 경매전문가의 투자사례

경매투자업을 해 오던 ○○○대표님은 GPL을 알게 된 후 대부업 회사를 설립해 직접 투자하고 있다. ○○○대표님은 수년간 경매를 통해 낙찰받고, 낙찰받은 부동산을 리모델링하고 매매하고를 수없이 반복해 오셨는데 그것에 지치셨다고 말했다. ○○○대표님은 경기도 용인시 기흥구 보정동의 아파트에 투자했는데, 해당 투자의 경우 담보제공자 및 채무자는 직장인으로 월 소득이 500만 원이고, 배우자는 법인대표자이다. 투자 당시 해당 담보지의 KB시세는 94,000만 원으로 KB시세 대비 83%인 78,000만 원을 연 15%로 GPL 투자를 하였다. 해당 투자는 월 이자 975만 원의 투자수익을 매달 가져다준다. 경매전문가 ○○○대표님은 해당 투자 건을 유동화 투자할 경우 실투자금은 7,800만 원으로 확장수익률 연 98% 월 이자 635.7만 원의 투자수익율을 얻을 수 있는 좋은 물건이다.

그러나 해당 투자의 경우 첫 달부터 이자가 연체되었고 현재도 4개월 이상 연체되어 있다. 그러나 경매 전문가인 ○○○대표님은 전혀 걱정하지 않는다. 현재 해당 아파트는 KB시세는 99,000만 원으로 5,000만 원 올랐으며 최근 실거래가는 104,500만 원이고, 매매가 시세는 109,000~125,000만 원에 형성되어 있다. ○○○대표님은 기한의 이익상실로 연체이자 18%를 청구하고 채권금액이 쌓이길 기다리고 있을 뿐이다.

○○○대표님은 해당 채권을 경매신청 후 방어입찰을 해서 매입해 올지, 경매를 통한 배당이익을 받을지 또는 채무자를 통해 부동산을 직접 매입해 올지는 아직 결정하지 않았지만 어느 방법으로든 충분한 수익을 볼 수 있을 것이라 기대하고 있다.

2) 현직 은행지점장의 투자사례

은행에서 근무하며 대출업무는 많이 보지만 사실 부실채권 관련 업무를 보는 분들은 극히 소수에 속한다. 해당 은행지점장도 비슷한 경우였다. 경매, NPL과 같이 복잡하고 어려운 것은 알지 못했다. 그

저 경매와 NPL과 같은 투자에서 수익을 보려면, 복잡하게 얽혀 있는 것을 풀어나가야 고수익을 얻을 수 있다는 것만 알고 있을 뿐이다. 실제 유동화 업무를 하고 있는 은행의 지점장님들 또는 담당 업무자들도 대부업 고금리의 채권들이 부실채권으로 경매로 넘어가는 채권들이 많이 없고 상환이 잘된다는 것을 실무에서 경험하고는 투자물건들을 소개해달라고 하며 투자를 하는 경우도 있었다. 그들은 다른 투자와는 다르게 쉽게 투자를 할 수 있으며, GPL 투자에 경우 처음부터 복잡하지 않은, 안전한 권리관계가 형성될 수 있는 물건들에 대해서만 투자하고 수익성이 높다는데 만족을 느껴 투자를 시작했다.

3) 전문직 종사자의 투자사례

경매와 NPL은 투자가 이루어지기까지의 시간이 매우 길다. 다소 전문적인 지식과 여러 사례들을 많은 시간을 투자해서 살펴봐야 하기 때문에 초기 투자진입장벽이 다른 투자에 비해 높은 편이다. 그래서 투자까지 시간이 많이 필요한 경매와 NPL 투자는 특히 직업에 시간을 많이 할애하는 전문직을 갖고 계신 분들이 접근하기가 더욱 쉽지 않다. 하지만 GPL 투자는 채권관리에서부터 권리설정까지 모든 부분들을 알아서 해 주기에 시간 소요가 적고, 사후 관리도 할 일이 없으니 전문직 종사자들에게도 매우 적합한 투자라 할 수 있다. 경기도에서 ○○○병원을 운영하고 계시는 이 원장님의 경우가 비슷한 경우인데 이 원장님은 개인 투자자에서부터 시작해 이제는 대부법인을 설립해 운영하며 투자를 하고 있다. 이 원장님의 경우, 서울 경기 수도권에 아파트를 위주로 5,000만 원 이하의 투자 건들에 집중적으로 투자하고 있다.

4) 공무원의 투자사례

해당 공무원의 경우는 P2P투자에서 여러 번 피해사례를 직접 경험하고 GPL 투자로 넘어온 경우이다. 이 공무원분은 우연치 않게 필자가 P2P펀딩 카페에 올린 글을 보고 직접 상담을 요청해 많은 상담 끝에 개인권리설정이 가능한 투자임을 확인하고는 바로 여러 GPL에 투자했다.

5) 세무사의 투자사례

세무사분들의 경우 간혹 대부업을 같이하고 계신 분들을 볼 수 있다. 그런 분들은 대부법인의 세무업무를 하시다가 해당업의 수익률과 안정성을 알고 직접 운영하시는 경우가 대부분이다. 이 세무사님의 경우도 이와 같은 경우로 서울 경기 물건을 집중적으로 투자하고 계신다.

6) 부동산 경매 박사의 투자사례

간혹 지분대출 GPL 투자가 있는 경우들이 있는데 해당 물건을 한국에서 내로라할 만한 경매의 대가이신 모 교수님께서 해당 투자를 하셨었다. 그때 아무도 해당 물건을 투자하려고 하지 않았다. 왜냐하면 해당 담보지의 다른 지분자는 파산신청 중이었고, 지분대출에 대해 생소하고 막연한 두려움이 있었기 때문에 일반 투자자들은 선뜻 투자하지 않았다. 대출을 신청한 담보지의 2/3 지분을 가진 대출신청자의 경우 파산신청자의 배우자였는데, 해당 아파트를 파산처분하지 못하도록 대출을 통해 남편의 지분만큼의 가치를 돈으로 배상하기 위해 대출하는 건이었다. 진정한 고수들은 이와 같이 남들이 투자하기에는 복잡하게 얽혀 있는 것 같지만 막상 실 한 가닥만 풀어주면 쉽게 풀리는 실타래 같은 투자를 좋아한다. 해당 건의 경우는 선순위 지분 대출 건이었고 전문가들은 이런 건들이 추가대환이 쉽지 않아 채권유지가 오래가기 때문에 선호한다.

7) NPL 전문투자자의 투자사례

GPL 투자는 최근에야 생긴 새로운 투자가 아니라는 것을 금융권 종사자들과 경매, NPL 투자자들이라면 잘 알고 있다. 다만 대부업에서 계약한 채권의 약정이자를 온전히 투자자에게 주는 경우가 없었을 뿐이다. 실제 현재에도 GPL 투자, NPL 투자를 말하며 투자자들을 모집해 7~10%의 약정이자를 지급하며 나머지 이자의 차익을 대부업회사, 채권추심업회사(NPL 회사)에서 가지고 간다. 해당 투자사례는 경매취하 목적으로 연 21%의 금리로 대출을 요청했던 사례였는데, 이미 해당 NPL 채권에 투자하고 있던 ㅇㅇ대표님이 해당 GPL 투자 건을 보고 다시 투자한 사례다. 해당 NPL 회사의 투자했을 시 약정금리는 10~15%였으나, 여기의 GPL 투자는 21%의 약정이자를 다 보장하기에 그렇게 투자처를 변경한 것이다.

8) 변호사, 법무사들의 투자사례

민법과 가까이 있는 특히 민사집행 쪽에 가까이에 일하는 변호사, 법무사들은 대부업을 하나씩 운영하고 있다고 해도 과언이 아니다. 그들은 경매취하팀이라는 명목하에 채권추심업을 운영하며, 경매물건을 저금리로 대환해 경매를 취하시키는 상품으로 GPL에 투자한다. 당연히 안전한 담보물이 있는 상품과 은행보다 몇 배가 높은 고수익성의 안전한 투자를 누구보다 가까이에서 본다면 어느 누구라도 투자를 할 것이다. 이러한 변호사, 법무사들이 경매취하 물건을 좋아하는데 그 이유는 경매를 취하기를 원하는 사람들은 어떻게 해서든 집을 보존하고 싶어 하는 의지가 높아 채무 변제의사가 매우 높으며, 이러한 채권이 채무자가 수용할 수 있는 범위의 이자라면 채권 유지가 오래되기 때문이라고 말한다.

이렇게 다양한 직종을 갖은 투자자들은 너나 나나 할 것 없이 앞다투어 GPL 투자를 하고 있다. 앞서 누누이 말했지만, GPL 투자는 다양한 곳에서 이루어지고 있다. 하지만 필자가 말하는 GPL 투자의 수익률과 안전성은 앞서 말한 투자 조건의 충족될 경우에만 해당된다. 그러니 다시 한번 강조하건대 검증되지 않은 곳에서의 투자는 최대한 피하고, 필자가 말한 조건들을 충족하는 업체에서 GPL 투자를 하기를 당부한다.

나홀로 법인설립부터
대부업등록까지

01.
대부업교육 이수

　대부업등록을 하는 것이 이자소득에 대해 비과세 절세방안이 될 것임을 앞서 살펴보았다. 실제 P2P펀딩에 투자하는 많은 투자자들이 1인 대부업 또는 대부법인을 설립해 절세를 하고 있다. 만약 투자자가 대부법인 또는 개인대부업을 설립해 투자를 결심했다면 법인설립과 사업자등록을 해야 할 것이다. 부록에서는 대부업을 등록하는 방법에 대해 자세하게 살펴볼 것인데, 개인대부업의 경우에는 대부법인과 설립하는 방법 중 법인설립하는 절차를 제외하고 동일하므로 대부법인설립하는 절차에 중점을 두어 설명할 것이다.

순서	내용	비고
1	대부업교육	온라인 및 오프라인 교육
2	대부법인설립	인터넷으로 가능
3	대부업등록	지자체 방문
4	대부업 사업자등록	인터넷으로 가능

일단 대부업을 개인 또는 법인으로 설립하기로 결정하였다면, 제일 먼저 해야 할 것이 한국대부금융협회(http://www.clfa.or.kr/)에서 주관하는 대부업교육을 받아야 한다. 해당 교육은 온라인 수업과 오프라인 수업으로 구분되어 있으며, 대부업 중 업에 따라 수강해야 하는 과목과 시간이 달라진다.

투자자들이 설립해야 할 대부업종은 '대부'이며, 교육 시 관계 법령교육 4시간, 대부 4시간, 신규업자 대상교육 2시간, 총 10시간을 온라인 수강으로 실시하고 추가로 하루 동안 집합교육 8시간을 실시한다.

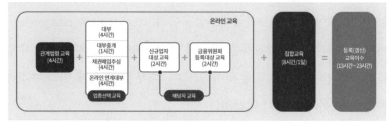

해당 교육비는 법인의 경우 5만 원, 개인의 경우 4만 원, 집합 교육의 경우 10만 원의 비용이 발생하고 집합교육의 경우 서울, 부산, 대전, 대구, 광주에서만 가능하다. 교육 후 교육이수수료증이 발급되는데 법인설립자는 법인설립 시에는 필요하지 않으나 개인, 법인 모두 대부업등록 시에는 필수적인 서류이므로

미리미리 신청해서 교육이수증을 받아 두는 것이 좋다.

02.
대부법인회사 설립

법인설립에는 다양한 방법이 있다.

법무사를 통해 업무를 맡기거나, 본인이 직접 등기소에 가서 등록하거나, 인터넷을 통하는 방법이 있다. 법무사를 통한 법인을 설립을 대행할 경우 일반적인 정관을 사용하는데 이러한 경우, 법인을 직접 운영하는 투자자가 법인을 운영 시 일반적인 정관에 의해 유연하게 업무를 하지 못할 경우가 생기고 해당 정관을 수정하기 위해서 다시 대행업무를 맡기게 되면 추가로 비용이 들어갈 수 있다. 대행을 맡기더라도 꼭 법인설립절차가 어떻게 이루어지는지 알아 두기를 권장한다. 또한 법인설립 대행의 경우 대행비가 대략 30만 원 정도 들어가는데 해당금액도 절약할 수 있으니 알고 보면 어렵지 않은 대법원 인터넷등기소를 통한 셀프 법인설립에 대해 알아보도록 하자.

신속한 법인설립을 위한 준비물

1. 상호명칭 선정 및 인감도장 만들기
2. 비상주사무실 또는 상주사무실 계약
3. 잔액증명액 예금 후 최소 1일 경과
4. 임원들의(최소 이사 1명 감사 1명) 공인인증서
5. 프린터 및 스캐너

기본적으로 위의 5개 항목이 미리 준비되어 있어야 법인설립을 하루 안에 끝낼 수 있다. 미리 당부하지만, 필자가 이야기하는 순서를 지켜 가면서 하기를 당부한다. 왜냐하면 하나라도 순서가 맞지 않으면 서류보정에 시간만 낭비할 수 있다.

첫 번째로 해야 할 일은 상호를 정하고 법인인감도장을 신청하자. 상호를 결정하기에 앞서 해당 지자체에 동일한 상호명이 있는지 확인해야 한다. 확인하는 방법으로는 한국대부금융협회에 접속하여 등록업체를 조회하면 된다.

대부업설립이 목적이므로 사업내용은 금전대부, 지역선택은 시/
군/구 단위까지 지정하여 해당 지역 내 원하는 상호명이 있는지 검
색하면 된다. 중복되는 상호명이 없는지 확인이 되었다면 인터넷을
통해서 미리 법인인감도장을 신청하도록 하자.

그다음으로 준비해야 할 일은 사무실을 정하는 것이다. 사무실을
선정할 때 가장 먼저 알아봐야 할 것은 법인을 설립하는 지역이 중과
세 지역인지 확인해야 한다. 그렇지 않으면 법인설립 시작부터 등록
허가세를 다른 지역보다 세 배 이상 중과해서 내야 하고, 이후 부동

산업 등 다른 사업으로 확장 시에도 세금에 관해 불리한 점이 많으니 중과세 지역은 피하는 것이 좋다. 요즘은 공유사무실, 소호사무실처럼 다른 사람들과 사무실을 공유하여 저렴하게 임대할 수 있는 사무실이 많이 있다. 각 업체마다 다르지만 비상주 사무실 서비스를 제공해 주는 곳도 있다. 실제 법인을 설립하기 위해서는 별도의 사무실 주소가 필요한데 이런 사람들을 위해 비상주서비스를 실시해 준다. 그러나 비상주 사무실 임대의 문제는 대부업의 경우 사업등록 시 시청에서 실사를 나와 회사를 운영할 수 있게 갖추어져 있는지 확인하는 경우도 있기에, 임대사무소에서 이러한 문제에 대해 해결방안 서비스를 제공하는지 알아봐야 할 것이다.

세 번째로 해야 할 일은 법인설립 시 필요한 잔액증명을 위해 일정금액을 대표자 통장에 예금을 하는 것이다. 대부업을 위한 법인설립 시 최소 필요금액은 5,000만 원이고, 채권 추심업과 대부업을 병행하기 위한 최소 필요금액은 5억 원이다. 목적에 맞게 해당 최소금액들을 법인대표자 통장 한 곳에 예금해 두고, 하루 뒤에 잔액증명을 한다. 따라서 법인설립을 하기 전날 한 통장에 예금해 두고 다음 날부터 본격적인 법인설립을 실시한다.

그다음으로는 법인설립 시 발기인들이 필요한데 최소 사내이사 1명, 감사 1명이 있으면 설립이 가능하다. 이 법인 임원이 될 사람들이 공인인증서를 한 컴퓨터에 모아 두자.

마지막으로 프린터와 스캐너(휴대폰이용 스캐너 사용 불가)를 준비해 두자. 프린터와 스캐너를 준비하는 것이 번거롭겠지만 법인을 운영하면서 앞으로 사용할 일이 많을 거라고 생각하고 미리 준비하자.

본격적으로 법인설립을 위해 인터넷등기소(http://www.iros. go.kr)사이트에 가입을 먼저 하고 이후 등기신청에서 법인 하위항목에 전자신청하기를 클릭한다.

전자신청하기를 클릭하게 되면 인증서 로그인을 하라고 하면서 다음과 같은 화면이 나타난다.

법인등기온라인 사용자등록을 누르고 신청을 하도록 하자. 여기서 사용자등록 번호를 등록하게 되는데 등록 번호를 잃어버리게 될 경우 직접 등기소를 방문해야 하는 번거로움이 생길 수 있으니 사용자 등록 번호를 꼭 기억하도록 하자.

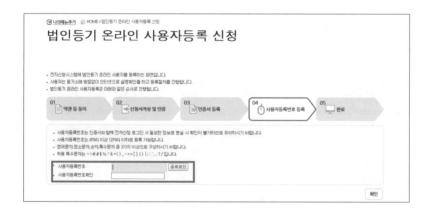

위 단계까지 마무리가 되면 이제부터 본격적으로 법인을 설립하기 위한 신청서를 작성하게 된다. 여기서 다시 한번 주의해야 할 점이 앞서 말한 준비물을 모두 갖추어 둔 상태로 진행을 해야 하루 안에 신청서를 마무리 할 수 있다. 위 준비물이 준비가 안 된 상태로 진행하다 보면 신청서 작성내용 중 법인설립을 위한 각종 내용들의 시간 흐름이 맞지 않게 되어 법원에서 보정사유가 될 수 있다.

회사설립 시작 항목이 나타나는데 여기에서는 주식회사를 설립하는 것을 목적으로 주식회사를 선택해 다음 단계로 넘어가고 다음부터 본격적으로 법인설립을 위한 신청서를 작성하게 된다.

여기서 미리 정해 둔 상호명을 입력하는데 상호명에 주식회사를 앞에 둘 것인지 뒤에 둘 것인지 선택할 수 있다. 여러 사람들이 추천하기에 주식회사가 앞에 오게 되면 통장거래 등을 할 때 예금주 입금자명에 회사명이 잘리게 되어 회사명 뒤에 주식회사를 두는 것을 추천하고 있다. (예시: ○○○○대부 주식회사)

아파트 GPL 투자, 연봉에 알파를 더하다

■ 온라인 주식회사 설립(자본금 10억 미만의 발기설립) 기본정보 등록

신청등기유형	주식회사 설립등기			
★ 상호 ⑦	상호 [▼] [ ] [주식회사▼]			
	로마자 [ ] 🔍			
★ 본점소재지 ⑦	[ ] 🔍 [동일상호여부체크]			
	☐ 지하 건물번호 [ ] 상세주소 [ ] ([ ] [ ])			
	예시) 서울특별시 종로구 중학천길 42, ○○호(수송동)			
등기의 목적	주식회사 발기설립			
★ 등기의 사유	정관을 작성하여 발기인이 회사설립시 발생하는 주식의 전부를 인수하고 발기인회에서 상법 제298조의 절차를 종료하였으므로 다음 사항의 등기를 구함			
★ 공고방법 ⑦	전자공고 ☐			
	당 회사의 공고는 [ ] 내에서 발행하는 일간 [ ] 에 게재한다.			
★ 발행 주식정보 ⑦	발행주식내역 기명주(보통주식)		발행주식의 종류 ◉ 1.액면 ○ 2.무액면	
	1주의 금액 [선택 ▼]		자본금의 액 0 원	
	발행할 주식의 총수 [ ] 주		설립시 발행하는 주식총수 0 주	

━ 임원 ⑦

★ 성명	주민등록번호	발기인여부	직위	출자지분
[ ]	[ ]	[발기인대표▼]	[사내이사▼] ☑ 대표권	[0] 주
	주소	[ ] 🔍		
		☐ 지하 건물번호 [ ] 상세주소 [ ] ([ ] [ ])		
		예시) 서울특별시 종로구 중학천길 42, ○○호(수송동)		
전화번호	[ ]	이메일 [ ]	공동대표 ⑦ [아니오▼]	

[초기화] [입력] [수정] [삭제]

본점 소재지에는 미리 계약한 사무실 주소를 기재하도록 한다. 추후 법인이 설립되게 되면 대부업등록을 위해 법인명의로 임대차 계약을 재계약해야 하니 참고하자.

다음으로 공고방법에는 크게 법인회사의 홈페이지를 통한 전자공고 방법과 신문사를 통해 공고하는 방법이 있다. 대부분 투자자들의 경우 홈페이지를 만들지 않을 것으로 생각되니 전자공고란은 공란으로 두고 다음 예시처럼 빈칸에 기재하도록 하자. (예시: 매일경제에서 발행하는 경제지에 기재한다.)

발행 주식정보의 경우 법인설립 시 최소자본이 필요한데, 대부법인의 경우 최소 5,000만 원의 자본이 있어야 한다. 1주의 금액을 선택하고 5,000만 원 금액에 맞는 수를 발행하면 된다. 추가 사항으로 1주의 금액은 나중에 자본을 분산시킬 때 용이하도록 가장 적은 단위의 금액을 선택해 주식수를 발행하는 것을 추천한다.

다음은 임원 정보를 입력한다. 이사가 여러 명 있을 경우 법인을 설립할 대표자 직위는 대표이사가 맞고 1인 법인을 기준으로 하였을 경우 직위는 사내이사가 맞으니 사내이사로 설정하고 발기인 대표로 지정한다. 출자지분은 발행 주식정보에서 발행한 주식의 총수를 입력하면 된다.

다음으로 감사정보를 입력해야 한다. 발기인 여부에 지분이 없는 자를 선택하고 직위에는 감사를 선택하여 해당인의 인적 정보를 입력하면 된다.

다음은 가장 중요한 법인의 목적을 작성하는 란이다. 목적은 자신이 앞으로 하고 싶어 하는 업종에 대해 입력하면 된다. 추후 업종을 추가해 법인등기의 내용을 수정하게 되면 추가비용이 발생하기 때문이다. 간단하게 대부업종에 들어갈 수 있을 만한 목적을 나열해 보도록 하면 다음과 같다.

1. 대부업 등의 등록 및 금융이용자 보호에 관한 법률에 따른 대부업 및 대부중개업
1. 금융기관 등의 대출중개업
1. 부동산 경매 및 공매 등에 관한 종합컨설팅업
1. 유동화자산 및 부실채권의 운용에 따라 취득한 부동산의 관리, 운용, 사용, 수익, 및 처분에 관한 사업
1. 채권관리 및 처분, 전략 등에 관한 종합컨설팅업
1. 부동산 임대, 전대 등에 관한 종합컨설팅업
1. 부동산 컨설팅 서비스업
1. 부실채권 매각에 대한 자산관리 및 자산유동화를 위한 사업

다음으로 결산기준일을 선택해야 한다. 보통 12월로 하는 것이 좋으나, 해가 지나가는 시기에 법인을 설립하는 경우 다음 해 6월에 결산기준일을 잡는 것이 좋을 수도 있다. 예를 들어 11월에 법인을 설립하게 되면 설립하자마자 다음달 12월이 지난 후 해당년도 결산을 해야 되는데 실적이 없는 상태로 결산을 받기 때문에 재무제표상 무실적인 법인이 되는 것이다. 이러한 재무제표로 인해 추후 유동화 대출을 하려는 법인에게는 불리하게 작용할 수밖에 없다. 그러나 6월로 결산일을 할 경우에는 대부분 법인들이 12월 기준으로 결산을 하는데 반해 6월에 결산을 하게 되면 세무서의 집중감시 대상이 될 수

있다고 하니 각각 상황에 맞게 이점들을 고려하여 결산기준일을 선택해야 할 것이다.

　다음은 잔액증명을 받아야 하는데 여기서 중요한 것이 잔액기준일자이다. 만약 법인설립을 위한 최소금액을 예치한 후 잔액증명을 받으려면 최소 하루 전에 예치를 시켜야 하니 이점을 꼭 유의하자. 잔액기준일자를 잘못 설정하면 뒤에서 이루어지는 절차들이 꼬여 보정사유가 될 수 있기 때문이다. 잔액기준일자는 등기신청하는 일자로 설정하면 된다. 날짜들이 꼬이지 않도록 이어서 나오는 모든 기준 일자들은 등기신청하는 당일로 설정할 것이다. 이후 예금되어 있는 은행과 계좌번호를 입력하고 아래 체크박스 두 개를 선택하고 다음 페이지로 넘어가자.

신청서작성 및 제출

> 주식회사 설립등기신청 기본정보

신청등기유형	주식회사 설립등기				
상호	가나다라대부 주식회사				
본점소재지					
등기의 목적	주식회사 설립등기				
등기의 사유	정관을 작성하여 발기인이 회사설립시 발생하는 주식의 전부를 인수하고 발기인회에서 상법 제298조의 절차를 종료하였으므로 다음 사항의 등기를 구함				
공고방법	당 회사의 공고는 내에서 발행하는 일간 에 게재한다.				
발행 주식정보	발행주식내역 기명주(보통주식)		발행주식의 종류 액면		
	1주의 금액 100원		자본금의 액 50,000,000원		
	발행할 주식의 총수 500,000주		설립시 발행하는 주식총수 500,000주		
임원 (□ 상세보기)	성명	주민등록번호	발기인 여부	직위	출자지분
		- *******	발기인대표	사내이사	500,000주
		- *******	지분없는자	감사	
목적					
결산기준	12월				
잔액(고) 증명	잔액 기준일자		납입은행	계좌번호	

[수정] [신청서 목록]

온라인으로 주식회사 설립을 위해서는 첨부서면을 작성해야 한다. 그 내용으로는 정관, 주식발행동의 및 주식인수증, 발기인회의사록, 이사회의사록(1인 이사일 경우 제외), 취임승낙서, 인감신고서, 조사보고서가 있다. 해당 내용들은 모두 기본양식들이 주어지기 때문에 크게 어려운 점이 없을 것이다. 위 서면을 작성해야 할 때 가장 중요한 것은 앞서 말한 기준일자를 등기신청하는 당일로 설정하는 것이다. 여러 번 강조했으니 꼭 다음 단계로 넘어가기 전 기준일자를 재확인하자.

첨부서면	상태	첨부서면	상태	첨부서면	상태
☐ 1. 정관	작성	☐ 2. 주식발행동의서	작성	☐ 3. 주식인수증	작성
☐ 4. 금융기관 증명서 발급신청 ❔	금융기관 잔고증명 신청서 금융기관 증명서 발급요청 금융기관 잔고증명서 작성 정관, 주식발행동의서, 주식인수증을 작성 후 전자서명이 완료 되어야 금융기관 잔액(고)증명서 발급요청이 가능합니다. (요청가능시간 9:00~17:50)				
☐ 5. 발기인회의사록	작성	☐ 6. 이사회의사록	작성	☐ 7. 취임승낙서	작성
☐ 8. 인감신고서	작성	☐ 9. 조사보고서	작성		

일괄서명 작성현황보기

▶ 온라인 주식회사 설립 시스템연계

등록면허세/ 수수료 입력	등록면허세/수수료입력
행정기관 정보연계	행정기관연계할첨부서면입력
신청인 정보	상호 : 가나다라대부 주식회사 본점 : 성명 : 사내이사 (-) 전화 : (- -) 주소 :

신청서작성완료

다음은 정관 작성이다. 정관은 법인을 운영하고 있는 실무자를 통해 법인운영 시 꼭 필요한 정관을 조언받아 반영하는 것이 제일 좋다. 법원에서는 필수적이고 기본적인 정관 내용들만 제공하기에 실제 운영 시 필요한 정관들과 차이가 있을 수 있기 때문이다. 아래에 정관 작성 시 추가로 고려해야 할 몇 가지 사항들을 나열하였으니 설립할 법인과 필요하다고 생각되는 내용을 선별하여 정관에 추가 반영하자. 여기서도 정관의 기준일자를 등기신청 일로 설정하고 다음으로 넘어가자. 정관 등은 추후 법인통장개설이나 대출 시 필요할 수 있으므로 꼭 복사본을 하나 따로 저장해야 한다.

제2장 주식과 주권(추가)

(신 주인수권) 회사의 주주는 신주발행에 있어서 소유한 주식에 비례하여 신주의 배정을 받을 권리를 가진다.

제4장 임원과 이사회(수정)

(이사와 감사의 수)

① 당 회사의 이사는 1인 이상, 감사는 1인 이상으로 한다.
② 다만, 회사의 자본금 총액이 10억 미만인 경우 ①항에도 불구하고 회사의 감사를 선임하지 않을 수 있다.

제5장 계산(추가)

(이익배당)

② 이익의 배당은 금전과 주식, 현물로 할 수 있다.

(중간배당)

회사는 연 1회에 한하여 이사회의 결의로 일정한 날을 정하여 그날의 주주에 대하여 중간배당을 할 수 있다.

다음은 주식발행동의서와 주식인수증 확인을 해야 한다. 앞서 법인설립을 위한 기본예치금만큼의 주식을 발행하였음에 동의하고 발기인(사내이사)이 그 주식을 인수했다고 확인하는 것이다. 이를 통해서 투자자의 예치금이 법인의 돈이 된 것이고 투자자는 그 금액에 맞는 법인주식을 받은 것이 된다. 여기서도 주의할 점은 등기신청 당일로 날짜를 설정하고 넘어가도록 하자. 만약에 실수로 날짜를 이상하게 설정하여 수정이 필요할 경우 해당 내용만 수정이 불가하여 처음부터 다시 작성해야 하므로 여러 번 확인하고 다음 단계로 넘어가자.

발기인회의사록은 기본양식이 잘되어 있어 날짜 지정과 전자서명만 마무리하면 된다. 특이사항은 없고 계속 강조했듯이 등기신청서 당일의 날짜 지정과 원하는 시간만 설정하고 서명하고 넘어가자.

그다음은 취임승낙서 작성이다. 투자자가 사내이사로 취임한다는 내용에 승낙을 하면 되고 감사의 승낙이 동일하게 필요한데 감사가 해야 할 전자서명 경우 나중에 일괄적으로 처리할 것이니 확인만 하고 넘어가면 된다.

다음은 인감신고서를 작성해야 한다, 인감신고서 작성을 위한 양식이 법원 홈페이지에 있다. 인터넷등기소 홈페이지에 자료센터 하위 항목에 등기신청양식에서 인감으로 검색해 인감·개인 신고서를 다운받아 인쇄하고 작성해 미리 만들어 둔 법인 인감 도장을 찍자.

그다음으로 인감신고서 작성 페이지에 인감인영등록을 통해 작성한 인감신고서를 스캔하고 해당 스캔본에 있는 법인도장을 파일로 옮기기 위해 화면에 떠 있는 인감지정 영역을 인감위치에 옮겨 두고 농도를 조절해서 해당 인감이 선명하게 나오게끔 설정해 준다.

인감신고서 작성

※ 인터넷등기소에 게시된 지정된 인감신고서 양식을 이용하여 작성하시기 바랍니다.
위치 : 인터넷등기소 > 자료센터 > 파일양식 다운로드

신고하는 인감날인란	인감인영 등록		
인감제출 세부사항		상호	가나다라대부 주식회사
		본점 주소	
		등기번호	
	인감 제출자	자격/성명	사내이사 /
		주민등록번호	- ******
		주소	

위와 같이 인감을 신고합니다.

2020- -

신고인 본인 성명

지원 등기계 귀중

저장 닫기

농도가 적절하지 못해 인감이 선명하지 않을 경우 보정사유가 될
수 있으니 충분히 선명하고 깔끔할 정도로 농도를 조정하자. 이후 저
장을 누르고 전자서명을 하고 다음 단계로 넘어가면 된다.

이제 서면의 마지막 단계인 조사보고서 작성이다. 조사보고서의 경
우 감사가 작성 주체자로서 날짜만 잘 주의해서 저장한다. 마지막으
로 감사의 서명이 필요한데 전자서명은 나중에 일괄적으로 실시한다.

이제 마지막 단계가 얼마 남지 않았다. 법인을 등록하려면 등록세
를 내야 하는데 사업소 소재지를 기준으로 서울에 등록하는 법인들
은 이택스(https://etax.seoul.go.kr) 홈페이지, 그 외 지역은 위택

스(https://www.wetax.go.kr) 홈페이지에서 등록세를 납부하면 된다. 두 홈페이지에서 등록세를 납부하고 납세번호를 발급받아 해당 법원등기소에 납부했음을 증명하면 되는데 예시는 위택스를 토대로 실시할 것이다.

먼저 위택스에 회원가입을 하고 상단에 있는 신고하기 하위항목에 등록면허세를 클릭한다.

납세의무자 인적사항에 빨간색 별표의 필수 기재사항들을 작성하고 추가로 전화번호 정도를 기입한다.

다음으로 물건정보 및 과세 정보를 입력하는데 물건종류에 법인을 선택하고 사업장 소재지를 입력한다. 신고납부관할지를 선택하면 일반과세 중과세여부가 자동 선택된다. 과세정보에 등록원인에는 영리법인설립과불입을 선택하고 과세물건에 사업장소재지를 입력한다.

세액정보에는 법인설립 시 기본자본금을 입력하면 자동으로 등록면허세, 지방교육세, 총납부세액이 나타난다. 만약 중과세 지역에 법인을 설립할 경우 총납부세액이 일반과세 지역보다 3배 정도 비싸게 부과된다. 총 납부세액을 확인하고 신고 버튼을 누르게 되면 세금을

아파트 GPL 투자, 연봉에 알파를 더하다

결제하는 페이지로 넘어간다.

절차에 맞게 결제를 완료하고 나면 위택스에서 납세번호를 부여하고 이 납세번호는 위택스 홈페이지 상단에 납부결과에서 확인이 가능하다. 납부결과에서 납세번호 조회해 메모하고 다시 법원등기소로 넘어가자.

이제 위택스에서 등록세를 납부하고 받은 납세번호를 법원등기소의 동록면허세/수수료에 등록하면 된다. 등록면허세 칸에 사무소를 등록하는 납입지역을 신청하고 납입금액에 지방세를 제외한 금액을 입력한다. 이후 납세번호를 입력하고 아래 입력버튼을 입력하고 자동 계산된 지방세를 확인하고 아래에 있는 입력버튼을 누르고 등록면허세/수수료 저장을 누른다.

다음으로 행정기관연계할 첨부서면만 하면 된다. 해당 버튼을 눌러 해당 페이지에 들어가면 행정정보 공동이용 사전동의서를 작성해야 한다. 공란에 전화번호를 입력하고 법인설립 대표는 동의서 작성하여 서명하고 감사는 저장을 하고 다음 단계로 넘어간다.

다음으로 등록면허세 영수필확인서를 클릭하고 해당 행정정보연계 요청을 클릭해 일괄요청하고 넘어간다. 이제 마지막으로 감사인의 전자서명을 일괄적으로 서명할 일만 남았다. 해당 목록에서 신청사항 확인 및 전자서명을 클릭하고 성명과 주민등록번호를 입력하면 전자서명이 필요한 해당 항목들이 나열된다. 일괄로 선택하고 전자서명 후 승인 버튼을 누르자. 다시 신청서 작성 페이지로 넘어가 신청서 작성완료 버튼을 누르고 다음 단계로 넘어가자. 신청수수료 결제를 실시하고 이후 신청서 제출대기 페이지 신청서 제출을 하면 완료된다.

이후 법원등기소에서 신청현황을 확인해 보면 아직 검사 중이라면

조사대기 중이라는 문구가 뜰 것이고, 완료되면 법인등기가 보일 것
이다. 비로소 법인이 설립된 것이다.

03.

대부업등록

다음으로 해야 할 일은 대부업등록을 하는 것이다. 대부업등록은 도·시 지자체등록 또는 금융위원회등록 두 가지 형태로 나뉘는데, 금융위원회의 등록하는 법인은 채권추심업을 하는 5억 원 이상의 NPL 법인 또는 지점이 2개 이상의 대부법인, 자본금이 100억 원 이상의 법인일 경우 금융위원회에 등록해야 한다. 위 해당사항은 없을 것이니 도·시 지자체등록하는 방법에 대해 알아보자 지자체등록서식은 시청 홈페이지 또는 민원24홈페이지에서 다운받을 수 있다.

대부업등록에 필요한 사전 준비물은 다음과 같다.

1. 대부업·대부중개업 교육이수증 사본 1부
2. 영업소의 소재지 증명 서류(신청인이 소유자인 경우 부동산등기사항전부증명서, 임대차 등의 경우 임대차 등의 계약서 사본에 한정한다) 1부

3. 주민등록표등본(개인의 경우), 법인등기사항전부증명서(법인의 경우) 1부

4. 가족관계등록부 기본증명서 1부(업무총괄사용인, 개인의 경우 대표자, 법인의 경우 임원)

5. 인감증명서 1부(개인의 경우 대표자, 법인은 법인인감증명서)

6. 대리인 신청 위임장 1부(대리등록신청의 경우)

7. 법 제3조의5 제1항 제1호에 따른 자기자본(개인은 순자산액)을 갖추었음을 증명하는 서류 1부(대부중개업만을 영위하고자 하는 자는 제외)

8. 법 제11조의4 제2항에 따라 보증금을 예탁하거나 보험 또는 공제 가입을 증명하는 서류 1부

대부업·대부중개업 등록신청서 (□ 법인 / □ 개인)					처리기간
					14일

신청영업소	① 명칭(상호)	OOOO대부주식회사		② 본점 여부	□ 본점		□ 지점
	③ 법인등록번호	131311-0000000					
	④ 대표자 성명	홍길동		⑤ 대표자 주민등록번호	123456-1234567		
	⑥ 소재지	경기도					
	⑦ 홈페이지 주소						
	⑧ 전화번호(영업소)	010-1234-1234		⑨ 전화번호(휴대전화)	010-1234-1234		
	⑩ 광고용 전화번호						
	⑪ 대표자 주소	경기도					
	⑫ 업무총괄 사용인 성명						
	⑬ 업무총괄 사용인 주소						
	⑭ 등록신청사업	□ 대부업 □ 대부중개업					
본점	⑮ 명칭(상호)			⑯ 대부업·대부중개업 등록번호			
	⑰ 사업자등록번호			⑱ 법인등록번호			
	⑲ 대표자 성명			⑳ 대표자 주민등록번호			
	㉑ 소재지						
	㉒ 홈페이지 주소						
	㉓ 전화번호(영업소)			㉔ 전화번호(휴대전화)			
	㉕ 광고용 전화번호						
	㉖ 대표자 주소						
	㉗ 사업내용	□ 대부업 □ 대부중개업					

「대부업 등의 등록 및 금융이용자 보호에 관한 법률」 제3조제1항에 따라 위와 같이 신청합니다.

2020 년   월   일

신청인(대표자)   홍길동   ㉮

O   O   시   장   귀하

주) 개인은 인감도장, 법인은 법인인감도장으로 날인하여 주십시오.

구비서류	신청인 제출서류	담당공무원 확인사항	수수료
	1. 대부업·대부중개업 교육이수증 사본 1부 2. 영업소의 소재지 증명 서류(신청인 소유인 경우 부동산등기사항전부증명서, 임대차 등의 경우 임대차 등의 계약서 사본에 한정한다) 1부 3. 주민등록표등본(개인의 경우), 법인등기사항전부증명서(법인의 경우) 1부 4. 가족관계등록부 기본증명서 1부(업무총괄사용인, 개인의 경우 대표자, 법인의 경우 임원) 5. 인감증명서 1부(개인의 경우 대표자, 법인은 법인인감증명서) 6. 대리인 신청 위임장 1부(대리등록신청의 경우) 7. 법 제3조의5 제1항 제1호에 따른 자기자본(개인은 순자산액)을 갖추었음을 증명하는 서류 1부(대부중개업만을 영위하고자 하는 자는 제외) 8. 법 제11조의4 제2항에 따라 보증금을 예탁하거나 보험 또는 공제 가입을 증명하는 서류 1부	개인인 경우 주민등록표등본, 법인인 경우 법인등기사항전부증명서의 내용을 담당공무원이 확인	10만원

본인은 이 건 업무처리와 관련하여 「전자정부법」 제39조제1항에 따른 행정정보의 공동이용을 통하여 담당공무원이 위의 담당공무원 확인사항을 확인하는 것에 동의합니다.

신청인(대표자)   홍길동   ㉮

※ 대표자 및 임원이 「대부업 등의 등록 및 금융이용자 보호에 관한 법률」 제3조의5제1항 각 호의 어느 하나에 해당하는 경우에는 등록이 제한되며 수수료는 반환되지 아니하므로 주의하시기 바랍니다.

210mm×297mm(일반용지 60g/㎡)

① 대부업교육 이수증의 경우 대부업협회에서 교육을 받고 나면 아래와 같은 이수증을 주니 해당 이수증을 가져가면 된다.

② 영업소의 소재지 증명 서류는 임대차 계약서를 첨부하면 되는데 법인의 경우에는 법인 명의로 계약한 임대차 계약서가 필요하다. 초기 법인을 세우기 위해 대표자 명의로 계약했던 내용을 법인으로 변경해 재계약하고 변경된 임대차 계약서를 제출해야 한다.

③ 법인등기사항전부증명서의 경우 법원등기소 인터넷 홈페이지
　에서 발급이 가능하다.

④ 임원들의 가족관계등록부 기본증명서는 대법원 전자가족관계
　등록시스템(efamily.scourt.go.kr) 홈페이지에서 발급 가능하
　며 발급 비용은 없다. 해당 기본증명서의 경우 상세와 일반으로
　나뉘는데 지자체마다 요구하는 서류가 다르므로 두 개 모두 발
　급하여 구비해 두자.

⑤ 인감증명서를 발급받기 위해서는 가까운 등기국 등기소를 방문
　해야 한다. 인감증명서를 발급하기 위해서 인감카드를 먼저 발
　급받아야 한다. 인감카드 발급 서식 또한 민원24홈페이지에서
　다운받을 수 있고 해당 인감카드발급 서식을 아래와 같이 작성
　하여 등기소에 방문하여 인감카드를 발급받고 인감증명서를 총
　2부 발급받는다.

인감카드 등 (재)발급신청서

상호(명칭)		○○○○대부		등기번호	12345
본점(주사무소)		경기도			
인감 제출자	자격 / 성명	사내이사 / 홍길동			
	주민등록번호	123456-1234567			
발급사유		ㄴ 최초발급 ㄴ 카드분실 ㄴ 카드훼손 ㄴ 인감증명서발급기능 ㄴ 기타 ( )			
매체구분	ㄴ 인감카드 ㄴ HSM USB	인감카드 비밀번호	123456 (변경 후 :)		
수수료	금 원	납부번호			

위와 같이 인감카드 등의 (재)발급을 신청합니다.

2020 년 00 월 00 일   (인감 날인란)

신청인 인감제출자 (본 인) 성 명   홍길동 (인) (전화 :01012341234)

(대리인) 성 명   (인) (전화 :   )

시방법원   등기소 귀중

⑥ 생략

⑦ 법인설립 시 예금해 두었던 대표자의 통장의 잔액 증명서를 발급받으면 되고 인터넷뱅킹에서 발급받을 수 있다.

⑧ 인허가보증보험가입을 해야 하는데 필요한 서류가 있다. 인터넷으로 하기에는 불가능에 가깝고 보증보험사무실에 방문하여 보험가입 증권을 받아야 한다. 임대차계약서, 교육이수증, 법인인감증명서 등 3개의 서류를 가지고 가까운 보증보험사무실에 가면 대부법인등록을 위한 인·허가보증보험 가입을 하면 된다. 지자체에 등록하는 법인의 경우 1천만 원의 인허가보증금

가입하면 되고 해당 비용은 약 16~18만 원 선이다. 보험가입을 위한 서류는 보증보험회사마다 다르니 방문하기 전에 유선통화를 하고 방문하길 추천한다.

⑨ 위 구비서류에는 없지만, 업무용 연락처 또는 광고용 연락처에 대해 대표자 명의로 가입되어 있는지 확인하는 가입증명서/가입사실확인서가 필요하다. 해당 확인서는 가입된 통신사 홈페이지에서 발급받을 수 있다.

위 서류들을 대부업등록 담당 행정기관 부서에 제출하면 해당 부서에서 실사를 나오게 되고 이상이 없으면 1주일 내면 대부업등록증을 받게 된다.

이 책을 다 쓰고도 1년이라는 시간 동안 출판의 여부를 결정하지 못하고 있었다. 그 시간 동안 필자는 파이낸스대부 주식회사를 설립해 운영 중이며 직접 투자를 하거나, 투자자들의 채권을 관리해 주고 있다. 1년 동안 약 300여 개의 채권들을 발행했고 현재 150여 개의 채권들을 유지 관리하고 있다. 또한 이 업에 직접 종사하면서 노하우들을 축적해 가며, 법률 전문가들의 조언과 함께 안정적인 채권을 발행해 가고 있다. 이 책에서 다루지 않은 다른 정보들과 노하우 더 세부적인 GPL, NPL, 경매 투자 정보를 알고 싶다면 필자 회사가 운영하는 CHANYUL(찬율) GPL, NPL INVESTMENT GROUP 네이버 카페에서 정보를 획득하기를 바란다.

아마도 이 투자 방법도 시간이 지나면 점차 여러 방면으로 제재가 들어와 투자하기가 어려워지거나 투자수익률이 낮아질 것이다. 불과 1년 전만 해도 법정금리 27.7%였고 그 이전에는 34%였다. 앞으로도 정부는 서민안정 정책을 이유로 여러 방법으로 이자율을 제한해 수익률은 점차 낮아지고 개인 투자자들의 진입장벽은 높아질 것이다. 더 늦기 전 투자자들이 GPL 투자를 통해 안정적으로 높은 수익을 내며 조금이나마 경제적 여유를 가지길 바란다. 더불어 P2P펀딩에 투자하고 있는 많은 투자자들이 이 책을 통해 생각의 틀을 깨고, P2P펀딩과 동일한 투자를 이어 나가면서 법적권리를 설정하고 투자를 해 더 이상의 투자피해 사례가 없기를 바란다. 마지막으로 이 책을 쓰기까지 용기를 북돋아 주신 이상준 교수님께 진심으로 감사 인사드립니다.